Papst Franziskus

Laudato si’

Enzyklika

Über die Sorge für
das gemeinsame Haus

Mit dem apostolischen Schreiben
Laudate Deum

mit
Cartoons von
Gerhard Mester

benno

Bibliografische Information der Deutschen Nationalbibliothek
Die Deutsche Nationalbibliothek verzeichnet diese Publikation in der Deutschen Nationalbibliografie; detaillierte bibliografische Daten sind im Internet unter http://dnb.d-nb.de abrufbar.

Besuchen Sie uns im Internet:
www.st-benno.de

Gern informieren wir Sie unverbindlich und aktuell auch in unserem Newsletter zum Verlagsprogramm, zu Neuerscheinungen und Aktionen.
Einfach anmelden unter www.vivat.de.

ISBN 978-3-7462-6530-8

Umschlaggestaltung: Ulrike Vetter, Leipzig
Umschlagabbildung: © Gerhard Mester
Gesamtherstellung: Kontext, Lemsel (E)

Inhalt

Hinführung 8

Erstes Kapitel
Was unserem Haus widerfährt 22

Zweites Kapitel
Das Evangelium von der Schöpfung 57

Drittes Kapitel
Die menschliche Wurzel der ökologischen Krise 88

Viertes Kapitel
Eine ganzheitliche Ökologie 118

Fünftes Kapitel
Einige Leitlinien für Orientierung und Handlung 140

Sechstes Kapitel
Ökologische Erziehung und Spiritualität 170

Gebet für unsere Erde 200

Christliches Gebet mit der Schöpfung 201

Laudate Deum – Lobt Gott 206

Inhaltsverzeichnis 254

WENIGER IST MEHR!
ME
WACHS

%
MEHR
MEHR
MEHR!
MEHR
MEHR
WACHSTUM!
WACHSTUM!

1. „Laudato si', mi' Signore - Gelobt seist du, mein Herr“, sang der heilige Franziskus von Assisi. In diesem schönen Lobgesang erinnerte er uns daran, dass unser gemeinsames Haus wie eine Schwester ist, mit der wir das Leben teilen, und wie eine schöne Mutter, die uns in ihre Arme schließt: „Gelobt seist du, mein Herr, durch unsere Schwester, Mutter Erde, die uns erhält und lenkt und vielfältige Früchte hervorbringt und bunte Blumen und Kräuter.“[1]

2. Diese Schwester schreit auf wegen des Schadens, den wir ihr aufgrund des unverantwortlichen Gebrauchs und des Missbrauchs der Güter zufügen, die Gott in sie hineingelegt hat. Wir sind in dem Gedanken aufgewachsen, dass wir ihre Eigentümer und Herrscher seien, berechtigt, sie auszuplündern. Die Gewalt des von der Sünde verletzten menschlichen Herzens wird auch in den Krankheitssymptomen deutlich, die wir im Boden, im Wasser, in der Luft und in den Lebewesen bemerken. Darum befindet sich unter den am meisten verwahrlosten und misshandelten Armen diese unsere unterdrückte und verwüstete Erde, die „seufzt und in Geburtswehen liegt“ (*Röm* 8,22). Wir vergessen, dass wir selber Erde sind (vgl. *Gen* 2,7). Unser eigener Körper ist aus den Elementen des Planeten gebildet; seine Luft ist es, die uns den Atem gibt, und sein Wasser belebt und erquickt uns.

Nichts von dieser Welt ist für uns gleichgültig

3. Vor mehr als fünfzig Jahren, als die Welt am Rand eines Nuklearkrieges stand, schrieb der heilige Papst Johannes XXIII. eine Enzyklika, in der er sich nicht

damit begnügte, einen Krieg abzulehnen, sondern einen Vorschlag für den Frieden unterbreiten wollte. Er richtete seine Botschaft *Pacem in terris* an die gesamte „katholische Welt“, fügte aber hinzu: „und an alle Menschen guten Willens“. Angesichts der weltweiten Umweltschäden möchte ich mich jetzt an jeden Menschen wenden, der auf diesem Planeten wohnt. In meinem Apostolischen Schreiben *Evangelii gaudium* schrieb ich an die Mitglieder der Kirche, um einen immer noch ausstehenden Reformprozess in Gang zu setzen. In dieser Enzyklika möchte ich in Bezug auf unser gemeinsames Haus in besonderer Weise mit allen ins Gespräch kommen.

4. Acht Jahre nach *Pacem in terris* sprach der selige Papst Paul VI. 1971 die ökologische Problematik an, indem er sie als eine Krise vorstellte, die „eine dramatische Folge“ der unkontrollierten Tätigkeit des Menschen ist. „Infolge einer rücksichtslosen Ausbeutung der Natur läuft er Gefahr, sie zu zerstören und selbst Opfer dieser Zerstörung zu werden.“[2] Auch vor der FAO sprach er von der Möglichkeit einer „ökologischen Katastrophe als Konsequenz der Auswirkungen der Industriegesellschaft“ und betonte „die Dringlichkeit und die Notwendigkeit eines radikalen Wandels im Verhalten der Menschheit“, denn „die außerordentlichsten wissenschaftlichen Fortschritte, die erstaunlichsten technischen Meisterleistungen, das wunderbarste Wirtschaftswachstum wenden sich, wenn sie nicht von einem echten sozialen und moralischen Fortschritt begleitet sind, letztlich gegen den Menschen.“[3]

5. Der heilige Johannes Paul II. widmete sich diesem Thema mit zunehmendem Interesse. In seiner ersten Enzyklika bemerkte er: „Der Mensch scheint oft keine andere Bedeutung seiner natürlichen Umwelt wahrzunehmen, als allein jene, die den Zwecken eines unmittelbaren Gebrauchs und Verbrauchs dient."[4] Später rief er zu einer weltweiten ökologischen *Umkehr* auf.[5] Doch zugleich wies er darauf hin, dass man sich viel zu wenig „für die Wahrung der moralischen Bedingungen einer glaubwürdigen *»Humanökologie«*" engagiert.[6] Die Zerstörung der menschlichen Umwelt ist etwas sehr Ernstes, denn Gott vertraute dem Menschen nicht nur die Welt an, sondern sein Leben selbst ist ein Geschenk, das vor verschiedenen Formen des Niedergangs geschützt werden muss. Alle Bestrebungen, die Welt zu hüten und zu verbessern, setzen vor allem voraus, „dass sich die Lebensweisen, die Modelle von Produktion und Konsum und die verfestigten Machtstrukturen [von Grund auf] ändern, die heute die Gesellschaften beherrschen".[7] Die echte menschliche Entwicklung ist moralischer Art und setzt die vollkommene Achtung gegenüber der menschlichen Person voraus, muss aber auch auf die Welt der Natur achten und „der Natur eines jeden Wesens und seiner Wechselbeziehung in einem geordneten System [...] Rechnung tragen".[8] Daher muss sich die Fähigkeit des Menschen, die Wirklichkeit umzugestalten, auf der Grundlage der ersten Ur-Schenkung der Dinge von Seiten Gottes entwickeln.[9]

6. Mein Vorgänger Benedikt XVI. erneuerte die Aufforderung, „die strukturellen Ursachen der Fehlfunktionen der Weltwirtschaft zu beseitigen und

die Wachstumsmodelle zu korrigieren, die allem Anschein nach ungeeignet sind, den Respekt vor der Umwelt [...] zu garantieren".[10] Er erinnerte daran, dass die Welt nicht analysiert werden kann, indem man nur einen ihrer Aspekte isoliert betrachtet, denn „das Buch der Natur ist eines und unteilbar" und schließt unter anderem die Umwelt, das Leben, die Sexualität, die Familie und die sozialen Beziehungen ein. Folglich hängt „die Beschädigung der Natur [...] eng mit der Kultur zusammen, die das menschliche Zusammenleben gestaltet".[11] Papst Benedikt XVI. legte uns nahe anzuerkennen, dass die natürliche Umwelt voller Wunden ist, die durch unser unverantwortliches Verhalten hervorgerufen sind. Auch die soziale Umwelt hat ihre Verwundungen. Doch sie alle sind letztlich auf dasselbe Übel zurückzuführen, nämlich auf die Idee, dass es keine unbestreitbaren Wahrheiten gibt, die unser Leben lenken, und deshalb der menschlichen Freiheit keine Grenzen gesetzt sind. Man vergisst, dass „der Mensch [...] nicht nur sich selbst machende Freiheit [ist]. Der Mensch macht sich nicht selbst. Er ist Geist und Wille, aber er ist auch Natur".[12] Mit väterlicher Sorge lud er uns ein zu erkennen, dass die Schöpfung geschädigt wird, „wo wir selbst die letzten Instanzen sind, wo das Ganze uns einfach gehört und wir es für uns verbrauchen. Und der Verbrauch der Schöpfung setzt dort ein, wo wir keine Instanz mehr über uns haben, sondern nur noch uns selber wollen".[13]

Vereint in ein und derselben Sorge

7. Diese Beiträge der Päpste greifen die Überlegung unzähliger Wissenschaftler, Philosophen, Theologen

und sozialer Organisationen auf, welche das Denken der Kirche über diese Fragen bereichert haben. Wir dürfen aber nicht übersehen, dass auch außerhalb der katholischen Kirche andere Kirchen und christliche Gemeinschaften – wie auch andere Religionen – eine weitgehende Sorge und eine wertvolle Reflexion über diese Themen, die uns alle beunruhigen, entwickelt haben. Um nur ein bemerkenswertes Beispiel zu bringen, möchte ich kurz einen Teil des Beitrags des geschätzten Ökumenischen Patriarchen Bartholomäus aufgreifen, mit dem wir die Hoffnung auf die volle kirchliche Einheit teilen.

8. Patriarch Bartholomäus hat besonders von der Notwendigkeit gesprochen, dass jeder Einzelne die eigene Weise, dem Planeten zu schaden, bereut, denn „insofern wir alle kleine ökologische Schäden verursachen“, sind wir aufgerufen, „unseren kleineren oder größeren Beitrag zur Verunstaltung und Zerstörung der Schöpfung“[14] anzuerkennen. Zu diesem Punkt hat er sich wiederholt mit starken und anregenden Worten geäußert und uns aufgefordert, die Sünden gegen die Schöpfung einzugestehen: „Dass Menschen die biologische Vielfalt in der göttlichen Schöpfung zerstören; dass Menschen die Unversehrtheit der Erde zerstören, indem sie Klimawandel verursachen, indem sie die Erde von ihren natürlichen Wäldern entblößen oder ihre Feuchtgebiete zerstören; dass Menschen anderen Menschen Schaden zufügen und sie krank machen, indem sie die Gewässer der Erde, ihren Boden und ihre Luft mit giftigen Substanzen verschmutzen – all das sind Sünden.“[15] Denn „ein Verbrechen gegen die Natur zu begehen,

ist eine Sünde gegen uns selbst und eine Sünde gegen Gott.“[16]

9. Zugleich machte Bartholomäus auf die ethischen und spirituellen Wurzeln der Umweltprobleme aufmerksam, die uns auffordern, Lösungen nicht nur in der Technik zu suchen, sondern auch in einer Veränderung des Menschen, denn andernfalls würden wir nur die Symptome bekämpfen. Er schlug uns vor, vom Konsum zum Opfer, von der Habgier zur Freigebigkeit, von der Verschwendung zur Fähigkeit des Teilens überzugehen, in einer Askese, die „bedeutet, geben zu lernen und nicht bloß aufzugeben. Es ist eine Weise des Liebens, schrittweise von dem, was ich möchte, zu dem überzugehen, was Gottes Welt nötig hat. Es ist eine Befreiung von Ängstlichkeit, Habgier und Zwang“.[17] Wir Christen sind außerdem berufen, „die Welt als ein Sakrament der Gemeinschaft anzunehmen, als ein Mittel, mit Gott und unserem Nächsten auf globaler Ebene zu teilen. Es ist unsere bescheidene Überzeugung, dass das Göttliche und das Menschliche einander begegnen in den kleinsten Details des nahtlosen Gewandes der Schöpfung Gottes, sogar im winzigsten Staubkorn unseres Planeten.“[18]

Der heilige Franziskus von Assisi

10. Ich möchte diese Enzyklika nicht weiterentwickeln, ohne auf ein schönes Vorbild einzugehen, das uns anspornen kann. Ich nahm seinen Namen an als eine Art Leitbild und als eine Inspiration im Moment meiner Wahl zum Bischof von Rom. Ich glaube, dass Franziskus das Beispiel schlechthin für die

Achtsamkeit gegenüber dem Schwachen und für eine froh und authentisch gelebte ganzheitliche Ökologie ist. Er ist der heilige Patron all derer, die im Bereich der Ökologie forschen und arbeiten, und wird auch von vielen Nichtchristen geliebt. Er zeigte eine besondere Aufmerksamkeit gegenüber der Schöpfung Gottes und gegenüber den Ärmsten und den Einsamsten. Er liebte die Fröhlichkeit und war wegen seines Frohsinns, seiner großzügigen Hingabe und seines weiten Herzens beliebt. Er war ein Mystiker und ein Pilger, der in Einfachheit und in einer wunderbaren Harmonie mit Gott, mit den anderen, mit der Natur und mit sich selbst lebte. An ihm wird man gewahr, bis zu welchem Punkt die Sorge um die Natur, die Gerechtigkeit gegenüber den Armen, das Engagement für die Gesellschaft und der innere Friede untrennbar miteinander verbunden sind.

11. Sein Zeugnis zeigt uns auch, dass eine ganzheitliche Ökologie eine Offenheit gegenüber Kategorien verlangt, die über die Sprache der Mathematik oder der Biologie hinausgehen und uns mit dem Eigentlichen des Menschen verbinden. Wie es uns geht, wenn wir uns in einen Menschen verlieben, so war jedes Mal, wenn er die Sonne, den Mond oder die kleinsten Tiere bewunderte, seine Reaktion die, zu singen und die anderen Geschöpfe in sein Lob einzubeziehen. Er trat mit der gesamten Schöpfung in Verbindung und predigte sogar den Blumen „und lud sie zum Lob des Herrn ein, wie wenn sie vernunftbegabte Wesen wären".[19] Seine Reaktion war weit mehr als eine intellektuelle Bewertung oder ein wirtschaftliches Kalkül, denn für ihn war jedes Geschöpf eine

Schwester oder ein Bruder, ihm verbunden durch die Bande zärtlicher Liebe. Deshalb fühlte er sich berufen, alles zu hüten, was existiert. Sein Jünger, der heilige Bonaventura, erzählte: „Eingedenk dessen, dass alle Geschöpfe ihren letzten Ursprung in Gott haben, war er von noch überschwänglicherer Zuneigung zu ihnen erfüllt. Auch die kleinsten Geschöpfe nannte er deshalb Bruder und Schwester.“[20] Diese Überzeugung darf nicht als irrationaler Romantizismus herabgewürdigt werden, denn sie hat Konsequenzen für die Optionen, die unser Verhalten bestimmen. Wenn wir uns der Natur und der Umwelt ohne diese Offenheit für das Staunen und das Wunder nähern, wenn wir in unserer Beziehung zur Welt nicht mehr die Sprache der Brüderlichkeit und der Schönheit sprechen, wird unser Verhalten das des Herrschers, des Konsumenten oder des bloßen Ausbeuters der Ressourcen sein, der unfähig ist, seinen unmittelbaren Interessen eine Grenze zu setzen. Wenn wir uns hingegen allem, was existiert, innerlich verbunden fühlen, werden Genügsamkeit und Fürsorge von selbst aufkommen. Die Armut und die Einfachheit des heiligen Franziskus waren keine bloß äußerliche Askese, sondern etwas viel Radikaleres: ein Verzicht darauf, die Wirklichkeit in einen bloßen Gebrauchsgegenstand und ein Objekt der Herrschaft zu verwandeln.

12. Andererseits legt der heilige Franziskus uns in Treue zur Heiligen Schrift nahe, die Natur als ein prächtiges Buch zu erkennen, in dem Gott zu uns spricht und einen Abglanz seiner Schönheit und Güte aufscheinen lässt: „Von der Größe und Schönheit der Geschöpfe lässt sich auf ihren Schöpfer schließen“

(*Weish* 13,5), und „seine unsichtbare Wirklichkeit [wird] an den Werken der Schöpfung mit der Vernunft wahrgenommen, seine ewige Macht und Gottheit" (*Röm* 1,20). Deshalb forderte Franziskus, im Konvent immer einen Teil des Gartens unbebaut zu lassen, damit dort die wilden Kräuter wüchsen und die, welche sie bewunderten, ihren Blick zu Gott, dem Schöpfer solcher Schönheit erheben könnten.[21] Die Welt ist mehr als ein zu lösendes Problem, sie ist ein freudiges Geheimnis, das wir mit frohem Lob betrachten.

Mein Aufruf

13. Die dringende Herausforderung, unser gemeinsames Haus zu schützen, schließt die Sorge ein, die gesamte Menschheitsfamilie in der Suche nach einer nachhaltigen und ganzheitlichen Entwicklung zu vereinen, denn wir wissen, dass sich die Dinge ändern können. Der Schöpfer verlässt uns nicht, niemals macht er in seinem Plan der Liebe einen Rückzieher, noch reut es ihn, uns erschaffen zu haben. Die Menschheit besitzt noch die Fähigkeit zusammenzuarbeiten, um unser gemeinsames Haus aufzubauen. Ich möchte allen, die in den verschiedensten Bereichen menschlichen Handelns daran arbeiten, den Schutz des Hauses, das wir miteinander teilen, zu gewährleisten, meine Anerkennung, meine Ermutigung und meinen Dank aussprechen. Besonderen Dank verdienen die, welche mit Nachdruck darum ringen, die dramatischen Folgen der Umweltzerstörung im Leben der Ärmsten der Welt zu lösen. Die jungen Menschen verlangen von uns eine Veränderung. Sie fragen sich, wie es möglich ist, den Aufbau einer besseren Zukunft anzustreben, ohne an die

Umweltkrise und an die Leiden der Ausgeschlossenen zu denken.

14. Ich lade dringlich zu einem neuen Dialog ein über die Art und Weise, wie wir die Zukunft unseres Planeten gestalten. Wir brauchen ein Gespräch, das uns alle zusammenführt, denn die Herausforderung der Umweltsituation, die wir erleben, und ihre menschlichen Wurzeln interessieren und betreffen uns alle. Die weltweite ökologische Bewegung hat bereits einen langen und ereignisreichen Weg zurückgelegt und zahlreiche Bürgerverbände hervorgebracht, die der Sensibilisierung dienen. Leider pflegen viele Anstrengungen, konkrete Lösungen für die Umweltkrise zu suchen, vergeblich zu sein, nicht allein wegen der Ablehnung der Machthaber, sondern auch wegen der Interessenlosigkeit der anderen. Die Haltungen, welche – selbst unter den Gläubigen – die Lösungswege blockieren, reichen von der Leugnung des Problems bis zur Gleichgültigkeit, zur bequemen Resignation oder zum blinden Vertrauen auf die technischen Lösungen. Wir brauchen eine neue universale Solidarität. Wie die Bischöfe Südafrikas sagten, „bedarf es der Talente und des Engagements *aller*, um den durch den menschlichen Missbrauch der Schöpfung Gottes angerichteten Schaden wieder gutzumachen“.[22] Alle können wir als Werkzeuge Gottes an der Bewahrung der Schöpfung mitarbeiten, ein jeder von seiner Kultur, seiner Erfahrung, seinen Initiativen und seinen Fähigkeiten aus.

15. Ich hoffe, dass diese Enzyklika, die sich an die Soziallehre der Kirche anschließt, uns hilft, die Größe,

die Dringlichkeit und die Schönheit der Herausforderung zu erkennen, die vor uns steht. An erster Stelle werde ich unter bestimmten Aspekten einen kurzen Überblick über die aktuelle ökologische Krise geben, zu dem Zweck, die besten Ergebnisse des heutigen Stands der wissenschaftlichen Forschung zu übernehmen, uns davon zutiefst anrühren zu lassen und dem dann folgenden ethischen und geistlichen Weg eine Basis der Konkretheit zu verleihen. Aus dieser Perspektive werde ich einige Hinweise aufgreifen, die sich aus der jüdisch-christlichen Überlieferung ergeben, in der Absicht, unserem Engagement für die Umwelt eine größere Kohärenz zu verleihen. Dann werde ich versuchen, zu den Wurzeln der gegenwärtigen Situation vorzudringen, so dass wir nicht nur die Symptome betrachten, sondern auch die tiefsten Ursachen. Auf diese Weise können wir eine Ökologie vorschlagen, die in ihren verschiedenen Dimensionen den besonderen Ort des Menschen in dieser Welt und seine Beziehungen zu der ihn umgebenden Wirklichkeit einbezieht. Im Licht dieser Überlegung möchte ich fortfahren mit einigen ausführlichen Leitlinien für Dialog und Aktion, die sowohl jeden von uns als auch die internationale Politik betreffen. Und da ich überzeugt bin, dass für jede Veränderung Beweggründe und ein erzieherischer Weg nötig sind, werde ich schließlich einige Leitlinien zur menschlichen Reifung vorschlagen, die von dem Schatz der christlichen spirituellen Erfahrung inspiriert sind.

16. Obwohl jedes Kapitel seine eigene Thematik und eine spezifische Methodologie besitzt, greift es seinerseits aus neuer Sicht wichtige Fragen wieder

auf, die in den vorangegangenen Kapiteln behandelt wurden. Das betrifft speziell einige Zentralthemen, welche die gesamte Enzyklika durchziehen. Zum Beispiel: die enge Beziehung zwischen den Armen und der Anfälligkeit des Planeten; die Überzeugung, dass in der Welt alles miteinander verbunden ist; die Kritik am neuen Machtmodell und den Formen der Macht, die aus der Technik abgeleitet sind; die Einladung, nach einem anderen Verständnis von Wirtschaft und Fortschritt zu suchen; der Eigenwert eines jeden Geschöpfes; der menschliche Sinn der Ökologie; die Notwendigkeit aufrichtiger und ehrlicher Debatten; die schwere Verantwortung der internationalen und lokalen Politik; die Wegwerfkultur und der Vorschlag eines neuen Lebensstils. Diese Themen werden weder abgeschlossen noch aufgegeben, sondern sie werden ständig neu aufgegriffen und angereichert.

Rating-Agentu

-den immer dreister

ERSTES KAPITEL
WAS UNSEREM HAUS WIDERFÄHRT

17. Die theologischen oder philosophischen Reflexionen über die Situation der Menschheit und der Welt können wie eine repetitive und abstrakte Botschaft klingen, wenn sie nicht von einer Gegenüberstellung mit dem aktuellen Kontext her neu vorgebracht werden, im Blick auf das, was dieser an noch nie Dagewesenem für die Geschichte der Menschheit enthält. Darum schlage ich vor, dass wir, bevor wir erkennen, wie der Glaube angesichts der Welt, zu der wir gehören, neue Beweggründe und Erfordernisse beisteuert, kurz bei einer Betrachtung dessen verweilen, was unserem gemeinsamen Haus widerfährt.

18. Die ständige Beschleunigung in den Veränderungen der Menschheit und des Planeten verbindet sich heute mit einer Intensivierung der Lebens- und Arbeitsrhythmen zu einem Phänomen, das einige als „*rapidación*" bezeichnen. Wenn auch die Veränderung ein Teil der Dynamik der komplexen Systeme ist, steht doch die Geschwindigkeit, die das menschliche Handeln ihr heute aufzwingt, im Gegensatz zu der natürlichen Langsamkeit der biologischen Evolution. Hinzu kommt das Problem, dass die Ziele dieser schnellen und unablässigen Veränderung nicht unbedingt auf das Gemeinwohl und eine nachhaltige und ganzheitliche menschliche Entwicklung ausgerichtet sind. Die Veränderung ist etwas Wünschenswertes, wird aber beunruhigend, wenn sie sich in

eine Verschlechterung der Welt und der Lebensqualität eines großen Teils der Menschheit verwandelt.

19. Nach einer Zeit irrationalen Vertrauens auf den Fortschritt und das menschliche Können tritt jetzt ein Teil der Gesellschaft in eine Phase stärkerer Bewusstheit ein. Es ist eine steigende Sensibilität für die Umwelt und die Pflege der Natur zu beobachten, und es wächst eine ehrliche, schmerzliche Besorgnis um das, was mit unserem Planeten geschieht. Wir geben einen – wenn auch sicherlich unvollständigen – Überblick über jene Fragen, die uns heute beunruhigen und die wir jetzt nicht mehr unter den Teppich kehren können. Das Ziel ist nicht, Informationen zu sammeln oder unsere Neugier zu befriedigen, sondern das, was der Welt widerfährt, schmerzlich zur Kenntnis zu nehmen, zu wagen, es in persönliches Leiden zu verwandeln, und so zu erkennen, welches der Beitrag ist, den jeder Einzelne leisten kann.

I. UMWELTVERSCHMUTZUNG UND KLIMAWANDEL

Verschmutzung, Abfall und Wegwerfkultur

20. Es gibt Formen der Umweltverschmutzung, durch die die Menschen täglich geschädigt werden. Den Schadstoffen in der Luft ausgesetzt zu sein, erzeugt ein weites Spektrum von Wirkungen auf die Gesundheit – besonders der Ärmsten – und verursacht Millionen von vorzeitigen Todesfällen. Sie erkranken zum Beispiel durch das Einatmen erhöhter

Dosen an Rauch von den Brennstoffen, die sie zum Kochen oder zum Heizen verwenden. Dazu kommt die Verschmutzung, die alle schädigt, aufgrund des Verkehrswesens und durch Industrieabgase, aufgrund von Deponien, in denen Substanzen gelagert werden, die zur Versauerung von Boden und Wasser beitragen, aufgrund von Düngemitteln, Insektiziden, Fungiziden, Herbiziden und Agrotoxiden allgemein. Eine mit dem Finanzwesen verknüpfte Technologie, die behauptet, die einzige Lösung der Probleme zu sein, ist in der Tat oft nicht fähig, das Geheimnis der vielfältigen Beziehungen zu sehen, die zwischen den Dingen bestehen, und löst deshalb manchmal ein Problem, indem sie andere schafft.

21. Wir müssen auch die Verschmutzung in Betracht ziehen, die durch Müll verursacht wird, einschließlich der gefährlichen Abfälle, die in verschiedenen Gegenden vorhanden sind. Pro Jahr werden hunderte Millionen Tonnen Müll produziert, von denen viele nicht biologisch abbaubar sind: Hausmüll und Gewerbeabfälle, Abbruchabfälle, klinische Abfälle, Elektronikschrott und Industrieabfälle, hochgradig toxische Abfälle und Atommüll. Die Erde, unser Haus, scheint sich immer mehr in eine unermessliche Mülldeponie zu verwandeln. An vielen Orten des Planeten trauern die alten Menschen den Landschaften anderer Zeiten nach, die jetzt von Abfällen überschwemmt werden. Sowohl die Industrieabfälle als auch die in den Städten und in der Landwirtschaft verwendeten chemischen Produkte können im Organismus der Bewohner der angrenzenden Gebiete den Effekt einer Bioakkumulation bewirken, der auch dann eintritt,

wenn sich an einem Ort das Vorkommen eines toxischen Elements auf niedrigem Niveau hält. Häufig werden Maßnahmen erst dann ergriffen, wenn die Auswirkungen auf die Gesundheit der Menschen bereits irreversibel sind.

22. Diese Probleme sind eng mit der Wegwerfkultur verbunden, die sowohl die ausgeschlossenen Menschen betrifft als auch die Dinge, die sich rasch in Abfall verwandeln. Machen wir uns zum Beispiel bewusst, dass der größte Teil des Papiers, das produziert wird, verschwendet und nicht wiederverwertet wird. Es fällt uns schwer anzuerkennen, dass die Funktionsweise der natürlichen Ökosysteme vorbildlich ist: Die Pflanzen synthetisieren Nährstoffe für die Pflanzenfresser; diese ernähren ihrerseits die Fleischfresser, die bedeutende Mengen organischer Abfälle produzieren, welche Anlass zu neuem Pflanzenwuchs geben. Dagegen hat das Industriesystem am Ende des Zyklus von Produktion und Konsum keine Fähigkeit zur Übernahme und Wiederverwertung von Rückständen und Abfällen entwickelt. Noch ist es nicht gelungen, ein auf Kreislauf ausgerichtetes Produktionsmodell anzunehmen, das Ressourcen für alle und für die kommenden Generationen gewährleistet und das voraussetzt, den Gebrauch der nicht erneuerbaren Reserven aufs Äußerste zu beschränken, den Konsum zu mäßigen, die Effizienz der Ressourcennutzung maximal zu steigern und auf Wiederverwertung und Recycling zu setzen. Die Auseinandersetzung mit dieser Frage wäre ein Weg, der Wegwerfkultur entgegenzuwirken, die schließlich dem gesamten Planeten schadet. Wir stellen jedoch

fest, dass die Fortschritte in diesem Sinn noch sehr gering sind.

Das Klima als gemeinsames Gut

23. Das Klima ist ein gemeinschaftliches Gut von allen und für alle. Es ist auf globaler Ebene ein kompliziertes System, das mit vielen wesentlichen Bedingungen für das menschliche Leben verbunden ist. Es besteht eine sehr starke wissenschaftliche Übereinstimmung darüber, dass wir uns in einer besorgniserregenden Erwärmung des Klimasystems befinden. In den letzten Jahrzehnten war diese Erwärmung von dem ständigen Anstieg des Meeresspiegels begleitet, und außerdem dürfte es schwierig sein, sie nicht mit der Zunahme extremer meteorologischer Ereignisse in Verbindung zu bringen, abgesehen davon, dass man nicht jedem besonderen Phänomen eine wissenschaftlich bestimmbare Ursache zuschreiben kann. Die Menschheit ist aufgerufen, sich der Notwendigkeit bewusst zu werden, Änderungen im Leben, in der Produktion und im Konsum vorzunehmen, um diese Erwärmung oder zumindest die menschlichen Ursachen, die sie hervorrufen und verschärfen, zu bekämpfen. Es stimmt, dass es noch andere Faktoren gibt (z. B. der Vulkanismus, die Änderungen der Erdumlaufbahn und der Erdrotationsachse, der Solarzyklus), doch zahlreiche wissenschaftliche Studien zeigen, dass der größte Teil der globalen Erwärmung der letzten Jahrzehnte auf die starke Konzentration von Treibhausgasen (Kohlendioxid, Methan, Stickstoffoxide und andere) zurückzuführen ist, die vor allem aufgrund des menschlichen Handelns ausgestoßen werden. Wenn sie sich in der Atmosphäre intensivie-

ren, verhindern sie, dass die von der Erde reflektierte Wärme der Sonnenstrahlen sich im Weltraum verliert. Das wird besonders durch das Entwicklungsmodell gesteigert, das auf dem intensiven Gebrauch fossiler Kraftstoffe basiert, auf den das weltweite Energiesystem ausgerichtet ist. Auch die zunehmende Praxis einer veränderten Bodennutzung hat sich ausgewirkt, hauptsächlich die Abholzung der Wälder zugunsten der Landwirtschaft.

24. Die Erwärmung beeinflusst ihrerseits den Kohlenstoffkreislauf. Dadurch entsteht ein Teufelskreis, der die Situation weiter verschärft und der die Verfügbarkeit unerlässlicher Ressourcen wie das Trinkwasser, die Energie und die Agrarproduktion in den heißesten Zonen beeinträchtigen und das Aussterben eines Teils der biologischen Vielfalt des Planeten verursachen wird. Durch das Schmelzen des Polareises und der Hochgebirgsflächen droht eine sehr gefährliche Freisetzung von Methangas, und die Verwesung der tiefgefrorenen organischen Stoffe könnte die Ausströmung von Kohlendioxid noch weiter erhöhen. Das Verschwinden der tropischen Urwälder verschlechtert seinerseits die Lage, denn sie helfen ja, den Klimawandel abzuschwächen. Die durch das Kohlendioxid verursachte Verschmutzung erhöht den Säuregehalt der Ozeane und gefährdet die marine Nahrungskette. Wenn die augenblickliche Tendenz anhält, könnte dieses Jahrhundert Zeuge nie dagewesener klimatischer Veränderungen und einer beispiellosen Zerstörung der Ökosysteme werden, mit schweren Folgen für uns alle. Der Anstieg des Meeresspiegels, zum Beispiel, kann Situationen von

äußerstem Ernst schaffen, wenn man bedenkt, dass ein Viertel der Weltbevölkerung unmittelbar oder sehr nahe am Meer lebt und der größte Teil der Megastädte sich in Küstengebieten befindet.

25. Der Klimawandel ist ein globales Problem mit schwerwiegenden Umwelt-Aspekten und ernsten sozialen, wirtschaftlichen, distributiven und politischen Dimensionen; sie stellt eine der wichtigsten aktuellen Herausforderungen an die Menschheit dar. Die schlimmsten Auswirkungen werden wahrscheinlich in den nächsten Jahrzehnten auf die Entwicklungsländer zukommen. Viele Arme leben in Gebieten, die besonders von Phänomenen heimgesucht werden, die mit der Erwärmung verbunden sind, und die Mittel für ihren Lebensunterhalt hängen stark von den natürlichen Reserven und den ökosystemischen Betrieben wie Landwirtschaft, Fischfang und Waldbestand ab. Sie betreiben keine anderen Finanzaktivitäten und besitzen keine anderen Ressourcen, die ihnen erlauben, sich den Klimaeinflüssen anzupassen oder Katastrophen die Stirn zu bieten, und sie haben kaum Zugang zu Sozialdiensten und Versicherung. So verursachen die klimatischen Veränderungen zum Beispiel Migrationen von Tieren und Pflanzen, die sich nicht immer anpassen können, und das schädigt wiederum die Produktionsquellen der Ärmsten, die sich ebenfalls genötigt sehen abzuwandern, mit großer Ungewissheit im Hinblick auf ihre Zukunft und die ihrer Kinder. Tragisch ist die Zunahme der Migranten, die vor dem Elend flüchten, das durch die Umweltzerstörung immer schlimmer wird, und die in den internationalen Abkommen

nicht als Flüchtlinge anerkannt werden; sie tragen die Last ihres Lebens in Verlassenheit und ohne jeden gesetzlichen Schutz. Leider herrscht eine allgemeine Gleichgültigkeit gegenüber diesen Tragödien, die sich gerade jetzt in bestimmten Teilen der Welt zutragen. Der Mangel an Reaktionen angesichts dieser Dramen unserer Brüder und Schwestern ist ein Zeichen für den Verlust jenes Verantwortungsgefühls für unsere Mitmenschen, auf das sich jede zivile Gesellschaft gründet.

26. Viele von denen, die mehr Ressourcen und ökonomische oder politische Macht besitzen, scheinen sich vor allem darauf zu konzentrieren, die Probleme zu verschleiern oder ihre Symptome zu verbergen, und sie versuchen nur, einige negative Auswirkungen des Klimawandels zu reduzieren. Viele Symptome zeigen aber an, dass diese Wirkungen jedes Mal schlimmer sein können, wenn wir mit den gegenwärtigen Produktionsmodellen und Konsumgewohnheiten fortfahren. Darum ist es dringend geboten, politische Programme zu entwickeln, um in den kommenden Jahren den Ausstoß von Kohlendioxid und anderen stark verunreinigenden Gasen drastisch zu reduzieren, zum Beispiel indem man die Verbrennung von fossilem Kraftstoff ersetzt und Quellen erneuerbarer Energie entwickelt. Weltweit sind saubere und erneuerbare Energien nur in geringem Maß erschlossen. Noch ist es notwendig, angemessene Technologien für die Speicherung zu entwickeln. Trotzdem sind in einigen Ländern Fortschritte erzielt worden, die beginnen, von Bedeutung zu sein, auch wenn sie weit davon entfernt sind, eine beachtliche Propor-

tion zu erreichen. Es gab auch einige Investitionen in Produktionsweisen und Transportarten, die weniger Energie verbrauchen und geringere Mengen an Rohstoff erfordern, sowie in Bauformen oder Arten der Bausanierung, um die Energieeffizienz zu verbessern. Doch diese guten Praktiken haben sich noch lange nicht überall eingebürgert.

II. DIE WASSERFRAGE

27. Andere Anzeichen der aktuellen Situation stehen im Zusammenhang mit der Erschöpfung der natürlichen Ressourcen. Wir wissen sehr wohl, dass es unmöglich ist, das gegenwärtige Konsumniveau der am meisten entwickelten Länder und der reichsten Gesellschaftsschichten aufrechtzuerhalten, wo die Gewohnheit, zu verbrauchen und wegzuwerfen, eine nie dagewesene Stufe erreicht hat. Es sind bereits gewisse Höchstgrenzen der Ausbeutung des Planeten überschritten worden, ohne dass wir das Problem der Armut gelöst haben.

28. Sauberes Trinkwasser ist eine Frage von vorrangiger Bedeutung, denn es ist unentbehrlich für das menschliche Leben und zur Erhaltung der Ökosysteme von Erde und Wasser. Die Süßwasserquellen versorgen die Bereiche von Gesundheitswesen, Landwirtschaft und Industrie. Über lange Zeit blieb der Wasservorrat relativ konstant, jetzt aber übersteigt an vielen Orten die Nachfrage das nachhaltige Angebot, mit schweren kurz- und langfristigen Folgen.

Große Städte, die von einem bedeutenden Volumen der Wasserspeicherung abhängig sind, erleiden zeitweise einen Ressourcenrückgang, der in kritischen Momenten nicht immer mit einer angemessenen Steuerung und mit Unparteilichkeit verwaltet wird. Die Knappheit an Gemeinschaftswasser besteht besonders in Afrika, wo große Teile der Bevölkerung keinen Zugang zu sicherem Trinkwasser haben oder unter Dürreperioden leiden, die die Produktion von Nahrungsmitteln erschweren. In einigen Ländern gibt es wasserreiche Regionen und zugleich andere, die unter schwerem Wassermangel leiden.

29. Ein besonders ernstes Problem, das täglich viele Todesopfer fordert, ist die Qualität des Wassers, das den Armen zur Verfügung steht. Unter den Armen sind Krankheiten im Zusammenhang mit dem Wasser häufig, einschließlich derer, die durch Mikroorganismen und chemische Substanzen verursacht werden. Diarrhoe und Cholera, die mit unangemessenen hygienischen Einrichtungen und mit einem ungeeigneten Wasservorrat zusammenhängen, sind ein bedeutender Faktor für das Leiden von Kindern und für die Kindersterblichkeit. Das Grundwasser ist an vielen Orten durch die Verschmutzung bedroht, die von einigen Formen der Rohstoffgewinnung, von landwirtschaftlichen und von industriellen Betrieben verursacht wird, vor allem in Ländern, in denen es keine Regelung und keine ausreichenden Kontrollen gibt. Denken wir nicht nur an die Abfälle der Fabriken. Die Waschmittel und die chemischen Produkte, welche die Bevölkerung vielerorts in der Welt verwendet, sickern fortlaufend in Flüsse, Seen und Meere.

30. Während die Qualität des verfügbaren Wassers ständig schlechter wird, nimmt an einigen Orten die Tendenz zu, diese knappe Ressource zu privatisieren; so wird sie in Ware verwandelt und den Gesetzen des Marktes unterworfen. In Wirklichkeit *ist der Zugang zu sicherem Trinkwasser ein grundlegendes, fundamentales und allgemeines Menschenrecht, weil es für das Überleben der Menschen ausschlaggebend und daher die Bedingung für die Ausübung der anderen Menschenrechte ist.* Diese Welt lädt eine schwere soziale Schuld gegenüber den Armen auf sich, die keinen Zugang zum Trinkwasser haben, denn das bedeutet, *ihnen das Recht auf Leben zu verweigern, das in ihrer unveräußerlichen Würde verankert ist.* Diese Schuld wird zum Teil beglichen durch mehr wirtschaftliche Beiträge zur Versorgung der ärmsten Bevölkerung mit klarem Wasser und Hygiene. Es ist jedoch eine Wasserverschwendung nicht nur in den Industrieländern zu beobachten, sondern auch in den weniger entwickelten Ländern, die große Wasserreserven besitzen. Das zeigt, dass das Wasserproblem zum Teil eine Frage der Erziehung und ein kulturelles Problem ist, denn es fehlt das Bewusstsein der Schwere dieses Verhaltens in einem Kontext großer Ungleichheit.

31. Ein größerer Wassermangel wird einen Anstieg der Nahrungsmittelpreise und der Kosten bestimmter Produkte verursachen, die vom Wasserverbrauch abhängen. Einige Forscher haben vor der Möglichkeit eines akuten Wassermangels innerhalb weniger Jahrzehnte gewarnt, wenn nicht schnell gehandelt wird. Die Umweltbelastungen könnten Milliarden

von Menschen schaden, doch es ist absehbar, dass sich die Kontrolle des Wassers durch große weltweite Unternehmen in eine der hauptsächlichen Konfliktquellen dieses Jahrhunderts verwandelt.[23]

III. DER VERLUST DER BIOLOGISCHEN VIELFALT

32. Die Ressourcen der Erde werden auch geplündert durch ein Verständnis der Wirtschaft und der kommerziellen und produktiven Tätigkeit, das ausschließlich das unmittelbare Ergebnis im Auge hat. Der Verlust von Wildnissen und Wäldern bringt zugleich den Verlust von Arten mit sich, die in Zukunft äußerst wichtige Ressourcen darstellen könnten, nicht nur für die Ernährung, sondern auch für die Heilung von Krankheiten und für vielfältige Dienste. Die verschiedenen Arten enthalten Gene, die Ressourcen mit einer Schlüsselfunktion sein können, um in der Zukunft irgendeinem menschlichen Bedürfnis abzuhelfen oder um irgendein Umweltproblem zu lösen.

33. Doch es genügt nicht, an die verschiedenen Arten nur als eventuelle nutzbare „Ressourcen“ zu denken und zu vergessen, dass sie einen Eigenwert besitzen. Jedes Jahr verschwinden Tausende Pflanzen- und Tierarten, die wir nicht mehr kennen können, die unsere Kinder nicht mehr sehen können, verloren für immer. Die weitaus größte Mehrheit stirbt aus Gründen aus, die mit irgendeinem menschlichen Tun zusammenhängen. Unseretwegen können be-

reits Tausende Arten nicht mehr mit ihrer Existenz Gott verherrlichen, noch uns ihre Botschaft vermitteln. Dazu haben wir kein Recht.

34. Möglicherweise beunruhigt es uns, vom Aussterben eines Säugetiers oder eines Vogels zu erfahren, weil sie uns mehr vor Augen sind. Doch für das gute Funktionieren des Ökosystems sind auch die Pilze, die Algen, die Würmer, die Insekten, die Reptilien und die unzählige Vielfalt von Mikroorganismen notwendig. Einige zahlenmäßig geringe Arten, die gewöhnlich unbemerkt bleiben, spielen eine grundlegend entscheidende Rolle, um das Gleichgewicht eines Ortes zu stabilisieren. Es stimmt, dass der Mensch eingreifen muss, wenn ein Geosystem in ein kritisches Stadium gerät, doch heute hat das menschliche Eingreifen in eine so komplexe Wirklichkeit wie die Natur ein solches Maß erreicht, dass die ständigen vom Menschen verursachten Katastrophen sein erneutes Eingreifen herausfordern, so dass das menschliche Handeln allgegenwärtig wird, mit allen Risiken, die das in sich birgt. Gewöhnlich entsteht ein Teufelskreis, wo das Eingreifen des Menschen, um eine Schwierigkeit zu lösen, häufig die Situation weiter verschlimmert. So sind zum Beispiel viele Vögel und Insekten, die aufgrund der von der Technologie geschaffenen und in der Landwirtschaft verwendeten Agrotoxide aussterben, für ebendiese Landwirtschaft nützlich, und ihr Verschwinden muss durch ein weiteres technologisches Eingreifen ersetzt werden, das möglicherweise neue schädliche Auswirkungen hat. Lobenswert und manchmal bewundernswert sind die Anstrengungen der Wissenschaftler und Techniker,

die versuchen, Lösungen für die vom Menschen verursachten Probleme zu schaffen. Wenn wir jedoch die Welt betrachten, stellen wir fest, dass dieses Ausmaß menschlichen Eingreifens, das häufig im Dienst der Finanzen und des Konsumismus steht, dazu führt, dass die Erde, auf der wir leben, in Wirklichkeit weniger reich und schön wird, immer begrenzter und trüber, während gleichzeitig die Entwicklung der Technologie und des Konsumangebots grenzenlos weiter fortschreitet. So hat es den Anschein, dass wir bestrebt sind, auf diese Weise eine unersetzliche und unwiederbringliche Schönheit auszutauschen gegen eine andere, die von uns geschaffen wurde.

35. Wenn die Umweltverträglichkeit irgendeines Unternehmens geprüft wird, achtet man gewöhnlich auf die Auswirkungen auf den Boden, das Wasser und die Luft, doch nicht immer wird eine sorgfältige Untersuchung über die Wirkung auf die biologische Vielfalt eingeschlossen, als sei der Verlust einiger Arten oder Gruppen von Tieren oder Pflanzen etwas von geringer Bedeutung. Schnellstraßen, Neukultivierungen, Drahtzäune, Talsperren und andere Konstruktionen ergreifen Besitz von den Lebensräumen, und manchmal zersplittern sie diese derart, dass die Tierpopulationen nicht mehr wandern, noch frei pendeln können, so dass einige Arten vom Aussterben bedroht sind. Es gibt Alternativen – wie die Schaffung von biologischen Korridoren –, welche die Wirkung dieser Bauten zumindest abschwächen, doch eine solche Umsicht und Vorsorge ist nur in wenigen Ländern zu bemerken. Wenn einige Arten kommerziell genutzt werden, erforscht man nicht immer die Weise ihres

Wachstums, um ihre übermäßige Reduzierung und das daraus resultierende Ungleichgewicht des Ökosystems zu vermeiden.

36. Die Pflege der Ökosysteme setzt einen Blick voraus, der über das Unmittelbare hinausgeht, denn wenn man nur nach einem schnellen und einfachen wirtschaftlichen Ertrag sucht, ist niemand wirklich an ihrem Schutz interessiert. Doch der Preis für die Schäden, die durch die egoistische Fahrlässigkeit verursacht werden, ist sehr viel höher als der wirtschaftliche Vorteil, den man erzielen kann. Im Fall des Verlustes oder des schweren Schadens an einigen Arten ist von Werten die Rede, die jedes Kalkül überschreiten. Darum können wir stumme Zeugen schwerster Ungerechtigkeiten werden, wenn der Anspruch erhoben wird, bedeutende Vorteile zu erzielen, indem man den Rest der Menschheit von heute und morgen die äußerst hohen Kosten der Umweltzerstörung bezahlen lässt.

37. Einige Länder haben Fortschritte gemacht im wirksamen Schutz gewisser Orte und Zonen – auf der Erde und in den Ozeanen –, wo jedes menschliche Eingreifen verboten ist, das ihre Physiognomie verändern oder ihre ursprüngliche Gegebenheit verfälschen kann. Bei der Pflege der biologischen Vielfalt beharren die Fachleute auf der Notwendigkeit, den artenreichsten Zonen mit heimischen, seltenen oder weniger wirksam geschützten Arten besondere Aufmerksamkeit zu widmen. Es gibt Orte, die einer speziellen Sorgfalt bedürfen wegen ihrer enormen Bedeutung für das weltweite Ökosystem oder weil sie

wichtige Wasserreserven darstellen und so eine Gewähr für andere Formen des Lebens sind.

38. Nennen wir zum Beispiel jene an biologischer Vielfalt überreichen Lungen des Planeten, die das Amazonasgebiet und das Kongobecken darstellen, oder die großen Grundwasservorkommen und die Gletscher. Wir wissen um die Bedeutung dieser Orte für die Gesamtheit des Planeten und für die Zukunft der Menschheit ist nicht unbekannt. Die Ökosysteme der tropischen Urwälder enthalten eine biologische Vielfalt von einer enormen Komplexität, die ganz zu kennen beinahe unmöglich ist, doch wenn diese Wildnisse niedergebrannt oder eingeebnet werden, um Bodenbewirtschaftung zu entwickeln, gehen in wenigen Jahren unzählige Arten verloren, wenn die Gebiete sich nicht sogar in trockene Wüsten verwandeln. Dennoch sieht man sich, sobald man über diese Orte spricht, zu einem heiklen Balanceakt gezwungen, denn man darf auch nicht die enormen internationalen wirtschaftlichen Interessen außer Acht lassen, die unter dem Vorwand, für diese Orte zu sorgen, gegen die Souveränität der betroffenen Nationen verstoßen können. Tatsächlich existieren „Ideen [...] das Amazonasgebiet zu internationalisieren: Solche Ideen nützen einzig und allein den ökonomischen Interessen der transnationalen Unternehmen".[24] Anerkennenswert ist die Aufgabenstellung von internationalen Organisationen und Vereinigungen der Zivilgesellschaft, welche die Bevölkerungen sensibilisieren und kritisch mitwirken – auch unter Einsatz legitimer Druckmittel –, damit jede Regierung ihre eigene und nicht delegierbare Pflicht erfüllt, die Um-

welt und die natürlichen Ressourcen ihres Landes zu bewahren, ohne sich an unehrliche lokale oder internationale Interessen zu verkaufen.

39. Der Ersatz der wilden Flora durch Flächen, die mit Bäumen aufgeforstet werden und im allgemeinen Monokulturen sind, ist gewöhnlich auch nicht Gegenstand einer angemessenen Analyse. Denn das kann einer biologischen Vielfalt, die von den neu angepflanzten Arten nicht angenommen wird, schwer schaden. Auch die Feuchtgebiete, die in Kulturland verwandelt werden, verlieren die enorme biologische Vielfalt, die sie beherbergen. In einigen Küstenzonen ist das Verschwinden der durch Mangrovensümpfe gebildeten Ökosysteme besorgniserregend.

40. Die Ozeane enthalten nicht nur den größten Teil des Wassers des Planeten, sondern auch den größten Teil der umfassenden Vielfalt an Lebewesen, von denen viele uns noch unbekannt und aus verschiedenen Gründen bedroht sind. Andererseits wird das Leben in den Flüssen, Seen, Meeren und Ozeanen, das einen großen Teil der Weltbevölkerung ernährt, durch die unkontrollierte Ausbeutung des Fischbestands geschädigt, die den drastischen Rückgang einiger Arten verursacht. Dennoch entwickeln sich weiter Formen selektiven Fischfangs, die einen großen Teil der eingeholten Arten vergeuden. Besonders bedroht sind Meeresorganismen, an die wir gar nicht denken, wie bestimmte Formen von Plankton, die eine sehr wichtige Komponente in der marinen Nahrungskette bilden und von denen letztlich Arten abhängen, die uns zur Nahrung dienen.

41. Wenn wir in die tropischen und subtropischen Meere eindringen, begegnen wir den Korallenbänken, denen die gleiche Bedeutung der Urwälder der Erde zukommt, denn sie beherbergen etwa eine Million Arten, darunter Fische, Krabben, Mollusken, Schwämme, Algen und andere. Viele der Korallenbänke der Welt sind heute schon steril oder befinden sich in einem fortwährenden Stadium des Niedergangs: „Wer hat die wunderbare Meereswelt in leb- und farblose Unterwasser-Friedhöfe verwandelt?“[25] Dieses Phänomen ist großenteils auf die Verschmutzung zurückzuführen, die ins Meer gelangt als Ergebnis der Entwaldung, der landwirtschaftlichen Monokulturen, der Industrieabfälle und der destruktiven Methoden des Fischfangs, besonders derer, die Zyanid und Dynamit benutzen. Es verschärft sich durch den Temperaturanstieg der Ozeane. All das hilft uns zu bemerken, in welcher Weise jeder beliebige Eingriff in die Natur Folgen haben kann, die wir auf den ersten Blick nicht wahrnehmen, und dass gewisse Formen der Ressourcennutzung auf Kosten einer Zerstörung geschehen, die schließlich *sogar den Grund der Ozeane* erreicht.

42. Es ist notwendig, viel mehr in die Forschung zu investieren, um das Verhalten der Ökosysteme besser zu verstehen und die verschiedenen Variablen der Auswirkung jeder beliebigen wichtigen Veränderung der Umwelt zu analysieren. Da alle Geschöpfe miteinander verbunden sind, muss jedes mit Liebe und Bewunderung gewürdigt werden, und alle sind wir aufeinander angewiesen. Jedes Hoheitsgebiet trägt eine Verantwortung für die Pflege dieser Familie. Es

müsste für sie eine sorgfältige Bestandsaufnahme der Arten erstellen, die es beherbergt, um Programme und Strategien für den Schutz zu entwickeln, und dabei mit besonderer Sorge auf die Arten zu achten, die im Aussterben begriffen sind.

IV. VERSCHLECHTERUNG DER LEBENSQUALITÄT UND SOZIALER NIEDERGANG

43. Wenn wir berücksichtigen, dass der Mensch auch ein Geschöpf dieser Welt ist, das ein Recht auf Leben und Glück hat und das außerdem eine ganz besondere Würde besitzt, können wir es nicht unterlassen, die Auswirkungen der Umweltzerstörung, des aktuellen Entwicklungsmodells und der Wegwerfkultur auf das menschliche Leben zu betrachten.

44. Heute beobachten wir zum Beispiel das maßlose und ungeordnete Wachsen vieler Städte, die für das Leben ungesund geworden sind, nicht nur aufgrund der Verschmutzung durch toxische Emissionen, sondern auch aufgrund des städtischen Chaos, der Verkehrsprobleme und der visuellen und akustischen Belästigung. Viele Städte sind große unwirtschaftliche Gefüge, die übermäßig viel Energie und Wasser verbrauchen. Es gibt Stadtviertel, die, obwohl sie erst vor Kurzem erbaut wurden, verstopft und ungeordnet sind, ohne ausreichende Grünflächen. Es entspricht nicht dem Wesen der Bewohner dieses Planeten, immer mehr von Zement, Asphalt, Glas und Metall erdrückt und dem physischen Kontakt mit der Natur entzogen zu leben.

45. In einigen ländlichen und städtischen Zonen hat die Privatisierung von Geländen dazu geführt, dass der Zugang der Bürger zu Gebieten von besonderer Schönheit schwierig wird. Unter anderem werden „ökologische“ Wohnanlagen geschaffen, die nur einigen wenigen dienen, wo man zu vermeiden sucht, dass andere eintreten und die künstliche Ruhe stören. Eine schöne Stadt voller gut gepflegter Grünflächen findet man gewöhnlich in einigen „sicheren“ Gebieten, jedoch kaum in weniger sichtbaren Zonen, wo die von der Gesellschaft Ausgeschlossenen leben.
46. Zu den sozialen Komponenten der globalen Veränderung gehören auch die Auswirkungen einiger technologischer Neuerungen auf die Arbeit, die soziale Ausschließung, die Ungleichheit in der Verfügbarkeit und dem Konsum von Energie und anderen Diensten, die gesellschaftliche Aufsplitterung, die Zunahme der Gewalt und das Aufkommen neuer Formen sozialer Aggressivität, der Rauschgifthandel und der steigende Drogenkonsum unter den Jüngsten, der Verlust der Identität. Das sind unter anderem Zeichen, die zeigen, dass das Wachstum der letzten beiden Jahrhunderte nicht in allen seinen Aspekten einen wahren ganzheitlichen Fortschritt und eine Besserung der Lebensqualität bedeutet hat. Einige dieser Zeichen sind zugleich Symptome eines wirklichen sozialen Niedergangs, eines stillschweigenden Bruchs der Bindungen von sozialer Integration und Gemeinschaft.

47. Dazu kommen die Dynamiken der Medien und der digitalen Welt, die, wenn sie sich in eine Allgegenwart verwandeln, nicht die Entwicklung einer Fä-

higkeit zu weisem Leben, tiefgründigem Denken und großherziger Liebe begünstigen. Die großen Weisen der Vergangenheit würden in diesem Kontext Gefahr laufen, dass ihre Weisheit inmitten des zerstreuenden Lärms der Informationen erlischt. Das verlangt von uns eine Anstrengung, damit diese Medien sich in einer neuen kulturellen Entwicklung der Menschheit niederschlagen und nicht in einem Verfall ihres innersten Reichtums. Die wirkliche Weisheit, die aus der Reflexion, dem Dialog und der großherzigen Begegnung zwischen Personen hervorgeht, erlangt man nicht mit einer bloßen Anhäufung von Daten, die sättigend und benebelnd in einer Art geistiger Umweltverschmutzung endet. Zugleich besteht die Tendenz, die realen Beziehungen zu den anderen mit allen Herausforderungen, die sie beinhalten, durch eine Art von Kommunikation zu ersetzen, die per Internet vermittelt wird. Das erlaubt, die Beziehungen nach unserem Belieben auszuwählen oder zu eliminieren, und so pflegt sich eine neue Art künstlicher Gefühlsregungen zu bilden, die mehr mit Apparaturen und Bildschirmen zu tun haben, als mit den Menschen und der Natur. Die derzeitigen Medien gestatten, dass wir Kenntnisse und Gemütsbewegungen übermitteln und miteinander teilen. Trotzdem hindern sie uns manchmal auch, mit der Angst, mit dem Schaudern, mit der Freude des anderen und mit der Komplexität seiner persönlichen Erfahrung in direkten Kontakt zu kommen. Darum dürfte es nicht verwundern, dass sich gemeinsam mit dem überwältigenden Angebot dieser Produkte eine tiefe und wehmütige Unzufriedenheit in den zwischenmenschlichen Beziehungen oder eine schädliche Vereinsamung breitmacht.

V. WELTWEITE SOZIALE UNGERECHTIGKEIT

48. Die menschliche Umwelt und die natürliche Umwelt verschlechtern sich gemeinsam, und wir werden die Umweltzerstörung nicht sachgemäß angehen können, wenn wir nicht auf Ursachen achten, die mit dem Niedergang auf menschlicher und sozialer Ebene zusammenhängen. Tatsächlich schädigen der Verfall der Umwelt und der der Gesellschaft in besonderer Weise die Schwächsten des Planeten: „Sowohl die allgemeine Erfahrung des alltäglichen Lebens als auch die wissenschaftliche Untersuchung zeigen, dass die schwersten Auswirkungen all dieser Umweltverletzungen von den Ärmsten erlitten werden.“[26] So beeinträchtigt zum Beispiel die Erschöpfung des Fischbestands speziell diejenigen, die vom handwerklichen Fischfang leben und nichts besitzen, um ihn zu ersetzen; die Verschmutzung des Wassers trifft besonders die Ärmsten, die keine Möglichkeit haben, abgefülltes Wasser zu kaufen, und der Anstieg des Meeresspiegels geht hauptsächlich die verarmte Küstenbevölkerung an, die nichts haben, wohin sie umziehen können. Die Auswirkung der aktuellen Formen von Unordnung zeigt sich auch im vorzeitigen Sterben vieler Armer, in den Konflikten, die durch Mangel an Ressourcen hervorgerufen werden, und in vielen anderen Problemen, die keinen ausreichenden Platz auf der Tagesordnung der Welt haben.[27]

49. Ich möchte darauf hinweisen, dass man gewöhnlich keine klare Vorstellung von den Problemen hat, die besonders die Ausgeschlossenen heimsuchen.

Sie sind der größte Teil des Planeten, Milliarden von Menschen. Heute kommen sie in den internationalen politischen und wirtschaftlichen Debatten vor, doch oft scheint es, dass ihre Probleme gleichsam als ein Anhängsel angegangen werden, wie eine Frage, die man fast pflichtgemäß oder ganz am Rande anfügt, wenn man sie nicht als bloßen Kollateralschaden betrachtet. Tatsächlich bleiben sie im Moment der konkreten Verwirklichung oft auf dem letzten Platz. Das ist zum Teil darauf zurückzuführen, dass viele Akademiker, Meinungsmacher, Medien- und Machtzentren weit von ihnen entfernt angesiedelt sind, in abgeschlossenen Stadtbereichen, ohne in direkten Kontakt mit ihren Problemen zu kommen. Sie leben und denken von der Annehmlichkeit einer Entwicklungsstufe und einer Lebensqualität aus, die für die Mehrheit der Weltbevölkerung unerreichbar sind. Dieser Mangel an physischem Kontakt und an Begegnung, der manchmal durch die Desintegration unserer Städte begünstigt wird, trägt dazu bei, das Gewissen zu „kauterisieren" und einen Teil der Realität in tendenziösen Analysen zu ignorieren. Das geht zuweilen Hand in Hand mit „grünen" Reden. Wir kommen jedoch heute nicht umhin anzuerkennen, dass ein wirklich ökologischer Ansatz sich *immer* in einen sozialen Ansatz verwandelt, der die Gerechtigkeit in die Umweltdiskussionen aufnehmen muss, um *die Klage der Armen ebenso zu hören wie die Klage der Erde.*

50. Anstatt die Probleme der Armen zu lösen und an eine andere Welt zu denken, haben einige nichts anderes vorzuschlagen als eine Reduzierung der Gebur-

tenrate. Es fehlt nicht an internationalem Druck auf die Entwicklungsländer, indem wirtschaftliche Hilfen von gewissen politischen Entscheidungen zugunsten der „Fortpflanzungsgesundheit“ abhängig gemacht werden. Doch „wenn es zutrifft, dass die ungleiche Verteilung der Bevölkerung und der verfügbaren Ressourcen die Entwicklung und den vertretbaren Umgang mit der Umwelt behindern, muss auch anerkannt werden, dass eine wachsende Bevölkerung mit einer umfassenden und solidarischen Entwicklung voll und ganz zu vereinbaren ist“.[28] Die Schuld dem Bevölkerungszuwachs und nicht dem extremen und selektiven Konsumverhalten einiger anzulasten, ist eine Art, sich den Problemen nicht zu stellen. Es ist der Versuch, auf diese Weise das gegenwärtige Modell der Verteilung zu legitimieren, in dem eine Minderheit sich für berechtigt hält, in einem Verhältnis zu konsumieren, das unmöglich verallgemeinert werden könnte, denn der Planet wäre nicht einmal imstande, die Abfälle eines solchen Konsums zu fassen. Außerdem wissen wir, dass etwa ein Drittel der produzierten Lebensmittel verschwendet wird, und dass „Nahrung, die weggeworfen wird, gleichsam vom Tisch des Armen [...] geraubt wird“.[29] Auf jeden Fall steht fest, dass das Ungleichgewicht in der Verteilung der Bevölkerung über das Territorium sowohl auf nationaler als auch auf globaler Ebene beachtet werden muss, denn der Anstieg des Konsums würde zu komplexen regionalen Situationen führen wegen der Kombination von Problemen, die unter anderem mit der Umweltverschmutzung, dem Verkehrswesen, der Handhabung der Abfälle, dem Verlust der Ressourcen und der Lebensqualität verbunden sind.

51. Die soziale Ungerechtigkeit geht nicht nur Einzelne an, sondern ganze Länder, und zwingt dazu, an eine Ethik der internationalen Beziehungen zu denken. Denn es gibt eine wirkliche „ökologische Schuld“ – besonders zwischen dem Norden und dem Süden – im Zusammenhang mit Ungleichgewichten im Handel und deren Konsequenzen im ökologischen Bereich wie auch mit dem im Laufe der Geschichte von einigen Ländern praktizierten unproportionierten Verbrauch der natürlichen Ressourcen. Der Export einiger Rohstoffe, um die Märkte im industrialisierten Norden zu befriedigen, hat örtliche Schäden verursacht wie die Quecksilbervergiftung in den Goldminen oder die Vergiftung mit Schwefeldioxid im Bergbau zur Kupfergewinnung. Besonders muss man der Tatsache Rechnung tragen, dass der Umweltbereich des gesamten Planeten zur „Entsorgung“ gasförmiger Abfälle gebraucht wird, die sich im Laufe von zwei Jahrhunderten angesammelt und eine Situation geschaffen haben, die nunmehr alle Länder der Welt in Mitleidenschaft zieht. Die Erwärmung, die durch den enormen Konsum einiger reicher Länder verursacht wird, hat Auswirkungen in den ärmsten Zonen der Erde, besonders in Afrika, wo der Temperaturanstieg vereint mit der Dürre verheerende Folgen für den Ertrag des Ackerbaus hat. Dazu kommen die Schäden, die durch die Exportierung fester und flüssiger toxischer Abfälle in die Entwicklungsländer und durch die umweltschädigende Aktivität von Unternehmen verursacht werden, die in den weniger entwickelten Ländern tun, was sie in den Ländern, die ihnen das Kapital bringen, nicht tun können: „Wir stellen fest, dass es häufig multina-

tionale Unternehmen sind, die so handeln und hier tun, was ihnen in den entwickelten Ländern bzw. in der sogenannten Ersten Welt nicht erlaubt ist. Im Allgemeinen bleiben bei der Einstellung ihrer Aktivitäten und ihrem Rückzug große Schulden gegenüber Mensch und Umwelt zurück wie Arbeitslosigkeit, Dörfer ohne Leben, Erschöpfung einiger natürlicher Reserven, Entwaldung, Verarmung der örtlichen Landwirtschaft und Viehzucht, Krater, eingeebnete Hügel, verseuchte Flüsse und einige wenige soziale Werke, die nicht mehr unterhalten werden können."[30]

52. Die Auslandsverschuldung der armen Länder ist zu einem Kontrollinstrument geworden, das Gleiche gilt aber nicht für die ökologische Schuld. Auf verschiedene Weise versorgen die weniger entwickelten Völker, wo sich die bedeutendsten Reserven der Biosphäre befinden, weiter die Entwicklung der reichsten Länder, auf Kosten ihrer eigenen Gegenwart und Zukunft. Der Erdboden der Armen im Süden ist fruchtbar und wenig umweltgeschädigt, doch in den Besitz dieser Güter und Ressourcen zu gelangen, um ihre Lebensbedürfnisse zu befriedigen, ist ihnen verwehrt durch ein strukturell perverses System von kommerziellen Beziehungen und Eigentumsverhältnissen. Es ist notwendig, dass die entwickelten Länder zur Lösung dieser Schuld beitragen, indem sie den Konsum nicht erneuerbarer Energie in bedeutendem Maß einschränken und Hilfsmittel in die am meisten bedürftigen Länder bringen, um politische Konzepte und Programme für eine nachhaltige Entwicklung zu unterstützen. Die ärmsten Regionen und Länder besitzen weniger Möglichkeiten, neue

Modelle zur Reduzierung der Umweltbelastung anzuwenden, denn sie haben nicht die Qualifikation, um die notwendigen Verfahren zu entwickeln, und können die Kosten nicht abdecken. Darum muss man deutlich im Bewusstsein behalten, dass es im Klimawandel *diversifizierte Verantwortlichkeiten* gibt, und sich – wie die Bischöfe der Vereinigten Staaten sagten – entsprechend „besonders auf die Bedürfnisse der Armen, der Schwachen und der Verletzlichen konzentrieren, in einer Debatte, die oftmals von den mächtigeren Interessen beherrscht ist“.[31] Wir müssen uns stärker bewusst machen, dass wir eine einzige Menschheitsfamilie sind. Es gibt keine politischen oder sozialen Grenzen und Barrieren, die uns erlauben, uns zu isolieren, und aus ebendiesem Grund auch keinen Raum für die Globalisierung der Gleichgültigkeit.

VI. DIE SCHWÄCHE DER REAKTIONEN

53. Diese Situationen rufen das Stöhnen der Schwester Erde hervor, die sich dem Stöhnen der Verlassenen der Welt anschließt, mit einer Klage, die von uns einen Kurswechsel verlangt. Niemals haben wir unser gemeinsames Haus so schlecht behandelt und verletzt wie in den letzten beiden Jahrhunderten. Doch wir sind berufen, die Werkzeuge Gottes des Vaters zu sein, damit unser Planet das sei, was Er sich erträumte, als Er ihn erschuf, und seinem Plan des Friedens, der Schönheit und der Fülle entspreche. Das Problem ist, dass wir noch nicht über die Kultur verfügen, die

es braucht, um dieser Krise entgegenzutreten. Es ist notwendig, *leaderships* zu bilden, die Wege aufzeigen, indem sie versuchen, die Bedürfnisse der gegenwärtigen Generationen unter Einbeziehung aller zu berücksichtigen, ohne die kommenden Generationen zu beeinträchtigen. Es wird unerlässlich, ein Rechtssystem zu schaffen, das unüberwindliche Grenzen enthält und den Schutz der Ökosysteme gewährleistet, bevor die neuen Formen der Macht, die sich von dem techno-ökonomischen Paradigma herleiten, schließlich nicht nur die Politik zerstören, sondern sogar die Freiheit und die Gerechtigkeit.

54. Auffallend ist die Schwäche der internationalen politischen Reaktion. Die Unterwerfung der Politik unter die Technologie und das Finanzwesen zeigt sich in der Erfolglosigkeit der Weltgipfel über Umweltfragen. Es gibt allzu viele Sonderinteressen, und leicht gelingt es dem wirtschaftlichen Interesse, die Oberhand über das Gemeinwohl zu gewinnen und die Information zu manipulieren, um die eigenen Pläne nicht beeinträchtigt zu sehen. In diesem Sinn fordert das *Dokument von Aparecida*, „dass bei den Eingriffen in die natürlichen Ressourcen nicht die Interessen von Wirtschaftskreisen den Vorrang haben dürfen, die […] auf irrationale Weise die Quellen des Lebens vernichten“.[32] Das Bündnis von Wirtschaft und Technologie klammert am Ende alles aus, was nicht zu seinen unmittelbaren Interessen gehört. So könnte man nur einige oberflächliche Deklamationen, vereinzelte menschenfreundliche Aktionen und sogar Bemühungen, Sensibilität für die Umwelt zu zeigen, erwarten, wobei in Wirklichkeit jeder belie-

bige Versuch der sozialen Organisationen, die Dinge zu ändern, als ein von romantischen Schwärmern verursachtes Ärgernis oder als Hindernis angesehen wird, das zu umgehen ist.

55. Nach und nach können einige Länder bedeutende Fortschritte, die Entwicklung von wirksameren Kontrollen und einen aufrichtigeren Kampf gegen die Korruption aufweisen. Es gibt mehr ökologisches Empfinden in der Bevölkerung, auch wenn es nicht reicht, um die schädlichen Konsumgewohnheiten zu ändern, die nicht nachzulassen scheinen, sondern sich verbreiten und entwickeln. Das ist es – um nur ein einfaches Beispiel zu bringen –, was mit dem ständig zunehmenden Gebrauch und der steigenden Intensität der Klimaanlagen geschieht. Die Märkte, die davon unmittelbar profitieren, regen die Nachfrage immer noch mehr an. Wenn jemand die Erdenbewohner von außen beobachten würde, würde er sich über ein solches Verhalten wundern, das bisweilen selbstmörderisch erscheint.

56. Indessen fahren die Wirtschaftsmächte fort, das aktuelle weltweite System zu rechtfertigen, in dem eine Spekulation und ein Streben nach finanziellem Ertrag vorherrschen, die dazu neigen, den gesamten Kontext wie auch die Wirkungen auf die Menschenwürde und die Umwelt zu ignorieren. So wird deutlich, dass die Verschlechterung der Umweltbedingungen und die Verschlechterung im menschlichen und ethischen Bereich eng miteinander verbunden sind. Viele werden sagen, dass sie sich nicht bewusst sind, unmoralisch zu handeln, denn die ständige Ab-

lenkung nimmt uns den Mut, der Wirklichkeit einer begrenzten und vergänglichen Welt ins Auge zu schauen. Daher bleibt heute „alles Schwache wie die Umwelt wehrlos gegenüber den Interessen des vergötterten Marktes, die zur absoluten Regel werden".[33]

57. Es ist vorhersehbar, dass angesichts der Erschöpfung einiger Ressourcen eine Situation entsteht, die neue Kriege begünstigt, die als eine Geltendmachung edler Ansprüche getarnt werden. Der Krieg verursacht immer schwere Schäden für die Umwelt wie für den kulturellen Reichtum der Bevölkerungen, und die Risiken wachsen ins Ungeheure, wenn man an die nuklearen und die biologischen Waffen denkt. Denn „obwohl internationale Vereinbarungen den chemischen, bakteriologischen und biologischen Krieg verbieten, ist es eine Tatsache, dass in den Laboratorien die Forschung für die Entwicklung neuer Angriffswaffen fortgesetzt wird, die imstande sind, die natürlichen Gleichgewichte zu verändern".[34] Von Seiten der Politik ist eine größere Aufmerksamkeit nötig, um den Situationen, die neue Konflikte verursachen können, zuvorzukommen und sie zu lösen. Doch die mit dem Finanzwesen verbundene Macht ist das, was sich am meisten gegen solche Bemühungen sträubt, und die politischen Pläne sind gewöhnlich nicht weitblickend. Warum möchte man heute eine Macht bewahren, die in die Erinnerung eingehen wird wegen ihrer Unfähigkeit einzugreifen, als es dringend und notwendig war?

58. In einigen Ländern gibt es positive Beispiele von Erfolgen bei der Umweltverbesserung, wie die Rei-

nigung verschiedener Flüsse, die viele Jahrzehnte lang verseucht waren, oder die Rückgewinnung von einheimischen Wäldern oder die Verschönerung von Landschaften durch Umweltsanierung oder architektonische Projekte von großem ästhetischem Wert oder Fortschritte in der Produktion umweltfreundlicher Energie, in der Verbesserung des öffentlichen Verkehrs und anderes. Diese Aktionen lösen nicht die globalen Probleme, bestätigen jedoch, dass der Mensch noch fähig ist, positiv einzuschreiten. Da er erschaffen ist, um zu lieben, keimen inmitten seiner Begrenztheiten unweigerlich Gesten der Großherzigkeit, der Solidarität und der Fürsorge auf.

59. Zugleich wuchert eine oberflächliche oder scheinbare Ökologie, die eine gewisse Schläfrigkeit und eine leichtfertige Verantwortungslosigkeit unterstützt. Wie es in Zeiten tiefer Krise, die mutige Entscheidungen erfordern, zu gehen pflegt, sind wir versucht zu denken, dass ungewiss ist, was eigentlich geschieht. Wenn wir auf den äußeren Eindruck schauen, hat es, abgesehen von einigen sichtbaren Zeichen der Verseuchung und des Verfalls, den Anschein, als seien die Dinge nicht so schlimm und der Planet könne unter den gegenwärtigen Bedingungen noch lange Zeit fortbestehen. Diese ausweichende Haltung dient uns, unseren Lebensstil und unsere Produktions- und Konsumgewohnheiten beizubehalten. Es ist die Weise, wie der Mensch sich die Dinge zurechtlegt, um all die selbstzerstörerischen Laster zu pflegen: Er versucht, sie nicht zu sehen, kämpft, um sie nicht anzuerkennen, schiebt die wichtigen Entscheidungen auf und handelt, als ob nichts passieren werde.

VII. DIE UNTERSCHIEDLICHKEIT DER MEINUNGEN

60. Schließlich erkennen wir an, dass sich in Bezug auf die Situation und die möglichen Lösungen unterschiedliche Sichtweisen und gedankliche Richtungen entwickelt haben. Im einen Extrem vertreten einige um jeden Preis den Mythos des Fortschritts und behaupten, dass sich die ökologischen Probleme einfach mit neuen technischen Programmen lösen werden, ohne ethische Bedenken und grundlegende Änderungen. Im anderen Extrem ist man der Meinung, der Mensch könne mit jedem seiner Eingriffe nur eine Bedrohung sein und das weltweite Ökosystem beeinträchtigen. Deshalb sei es angebracht, seine Präsenz auf dem Planeten zu reduzieren und ihm jede Art von Eingriff zu verbieten. Zwischen diesen beiden Extremen müssten mögliche zukünftige Szenerien erdacht werden, denn es gibt nicht nur einen einzigen Lösungsweg. Das würde Anlass zu verschiedenen Beiträgen geben, die in Dialog treten könnten im Hinblick auf ganzheitliche Antworten.

61. In Bezug auf viele konkrete Fragen ist es nicht Sache der Kirche, endgültige Vorschläge zu unterbreiten, und sie versteht, dass sie zuhören und die ehrliche Debatte zwischen den Wissenschaftlern fördern muss, indem sie die Unterschiedlichkeit der Meinun gen respektiert. Es genügt jedoch, aufrichtig die Realität zu betrachten, um zu sehen, dass unser gemeinsames Haus stark beschädigt ist. Die Hoffnung lädt uns ein zu erkennen, dass es immer einen Ausweg gibt, dass wir immer den Kurs neu bestimmen kön-

nen, dass wir immer etwas tun können, um die Probleme zu lösen. Allerdings sind allem Anschein nach Symptome eines Bruchs zu bemerken, aufgrund der großen Geschwindigkeit der Veränderungen und der Verschlechterung. Diese zeigen sich sowohl in regionalen Naturkatastrophen als auch in Gesellschafts- oder sogar Finanzkrisen, da die Probleme der Welt isoliert weder analysiert noch erklärt werden können. Es gibt Regionen, die bereits in besonderer Gefahr sind, und abgesehen von jeglicher Katastrophenprognose ist sicher, dass das gegenwärtige weltweite System unter verschiedenen Gesichtspunkten unhaltbar ist, denn wir haben aufgehört, an den Zweck menschlichen Handelns zu denken: „Wenn wir die verschiedenen Gegenden des Planeten betrachten, erkennen wir bedauerlicherweise sofort, dass die Menschheit die Erwartungen Gottes enttäuscht hat.“[35]

Ok, Leute. Wir fangen ganz einfach an und arbeiten uns Schritt für Schritt vor bis hin zu den schwierigsten Übungen...!!
APOSTELSCHULE GALILÄA
L1: Himmelreich verkündigen
L2: Kranke heilen
L3: Dämonen austreiben
L4: Tote auferwecken
L5: auf Geld und Besitz verzichten

Mt 10, 1-10

ZWEITES KAPITEL
DAS EVANGELIUM VON DER SCHÖPFUNG

62. Warum in dieses, an alle Menschen guten Willens gerichtete Dokument ein Kapitel aufnehmen, das auf Glaubensüberzeugungen bezogen ist? Ich weiß sehr wohl, dass auf dem Gebiet der Politik und des Denkens einige mit Nachdruck die Idee eines Schöpfers ablehnen oder sie als irrelevant betrachten, bis zu dem Punkt, den Reichtum, den die Religionen für eine ganzheitliche Ökologie und eine volle Entwicklung der Menschheit bieten können, in den Bereich des Irrationalen zu verweisen. In anderen Fällen geht man davon aus, dass die Religionen eine Subkultur darstellen, die einfach toleriert werden muss. Dennoch können Wissenschaft und Religion, die sich von unterschiedlichen Ansätzen aus der Realität nähern, in einen intensiven und für beide Teile produktiven Dialog treten.

I. DAS LICHT, DAS DER GLAUBE BIETET

63. Wenn wir die Komplexität der ökologischen Krise und ihre vielfältigen Ursachen berücksichtigen, müssten wir zugeben, dass die Lösungen nicht über einen einzigen Weg, die Wirklichkeit zu interpretieren und zu verwandeln, erreicht werden können. Es ist auch notwendig, auf die verschiedenen kulturellen Reichtümer der Völker, auf Kunst und Poesie, auf

das innerliche Leben und auf die Spiritualität zurückzugreifen. Wenn wir wirklich eine Ökologie aufbauen wollen, die uns gestattet, all das zu sanieren, was wir zerstört haben, dann darf kein Wissenschaftszweig und keine Form der Weisheit beiseitegelassen werden, auch nicht die religiöse mit ihrer eigenen Sprache. Zudem ist die katholische Kirche offen für den Dialog mit dem philosophischen Denken, und das gestattet ihr, verschiedene Synthesen zwischen dem Glauben und der Vernunft herzustellen. Was die sozialen Fragen betrifft, kann man dies an der Entwicklung der Soziallehre der Kirche feststellen, die berufen ist, aufgrund der neuen Herausforderungen immer reichhaltiger zu werden.

64. Andererseits möchte ich – obwohl diese Enzyklika sich einem Dialog mit allen öffnet, um gemeinsame Wege der Befreiung zu suchen – von Anfang an zeigen, wie die Überzeugungen des Glaubens den Christen und zum Teil auch anderen Glaubenden wichtige Motivationen für die Pflege der Natur und die Sorge für die schwächsten Brüder und Schwestern bieten. Wenn die bloße Tatsache, Mensch zu sein, die Menschen bewegt, die Natur zu pflegen, ein Teil derer sie ja selber sind, stellen „die Christen insbesondere [...] fest, dass ihre Aufgaben im Bereich der Schöpfung, ihre Pflichten gegenüber der Natur und dem Schöpfer Bestandteil ihres Glaubens sind".[36] Deshalb ist es ein Nutzen für die Menschheit und für die Welt, dass wir Gläubigen die ökologischen Verpflichtungen besser erkennen, die aus unseren Überzeugungen hervorgehen.

II. DIE WEISHEIT DER BIBLISCHEN ERZÄHLUNGEN

65. Ohne hier die gesamte Theologie der Schöpfung zu wiederholen, fragen wir uns, was uns die großen biblischen Erzählungen über die Beziehung des Menschen zur Welt sagen. In der ersten Schilderung des Schöpfungswerkes im Buch Genesis schließt der Plan Gottes die Erschaffung der Menschheit ein. Nach der Erschaffung des Menschen heißt es: „Gott sah alles an, was er gemacht hatte: Es war *sehr gut*" (*Gen* 1,31). Die Bibel lehrt, dass jeder Mensch aus Liebe erschaffen wurde, als Abbild Gottes und ihm ähnlich (vgl. *Gen* 1,26). Diese Aussage macht uns die unermessliche Würde jedes Menschen deutlich; „er ist nicht bloß etwas, sondern jemand. Er ist imstande, sich zu erkennen, über sich Herr zu sein, sich in Freiheit hinzugeben und in Gemeinschaft mit anderen Personen zu treten."[37] Der heilige Johannes Paul II. erinnerte daran, dass die ganz besondere Liebe, die der Schöpfer zu jedem Menschen hat, ihm eine unendliche Würde verleiht.[38] Diejenigen, die sich für die Verteidigung der Menschenwürde einsetzen, können im christlichen Glauben die tiefsten Argumente für diese Aufgabe finden. Was für eine wunderbare Gewissheit ist es, dass das Leben eines jeden Menschen sich nicht in einem hoffnungslosen Chaos verliert, in einer Welt, die dem puren Zufall unterliegt oder Zyklen, die sich sinnlos wiederholen! Der Schöpfer kann zu jedem von uns sagen: „Noch ehe ich dich im Mutterleib formte, habe ich dich ausersehen" (*Jer* 1,5). Wir wurden im Herzen Gottes „entworfen", und darum gilt: „Jeder von uns ist Frucht eines

Gedankens Gottes. Jeder ist gewollt, jeder ist geliebt, jeder ist gebraucht.“[39]

66. Die Schöpfungsberichte im Buch *Genesis* enthalten in ihrer symbolischen und narrativen Sprache tiefgründige Lehren über das Menschsein und seine historische Wirklichkeit. Diese Erzählungen deuten an, dass sich das menschliche Dasein auf drei fundamentale, eng miteinander verbundene Beziehungen gründet: die Beziehung zu Gott, zum Nächsten und zur Erde. Der Bibel zufolge sind diese drei lebenswichtigen Beziehungen zerbrochen, nicht nur äußerlich, sondern auch in unserem Innern. Dieser Bruch ist die Sünde. Die Harmonie zwischen dem Schöpfer, der Menschheit und der gesamten Schöpfung wurde zerstört durch unsere Anmaßung, den Platz Gottes einzunehmen, da wir uns geweigert haben anzuerkennen, dass wir begrenzte Geschöpfe sind. Diese Tatsache verfälschte auch den Auftrag, uns die Erde zu „unterwerfen“ (vgl. *Gen* 1,28) und sie zu „bebauen“ und zu „hüten“ (vgl. *Gen* 2,15). Als Folge verwandelte sich die ursprünglich harmonische Beziehung zwischen dem Menschen und der Natur in einen Konflikt (vgl. *Gen* 3,17-19). Darum ist es bedeutungsvoll, dass die Harmonie, in der der heilige Franziskus von Assisi mit allen Geschöpfen lebte, als eine Heilung jenes Bruches interpretiert wurde. Der heilige Bonaventura sagte, dass Franziskus, „da er mit allen Geschöpfen in Frieden war“, wieder in „den Zustand vor der Ursünde“ gelangte.[40] Weit von diesem Vorbild entfernt, zeigt sich die Sünde heute mit all ihrer Zerstörungskraft in den Kriegen, in den verschiedenen Formen von Gewalt und Misshandlung,

in der Vernachlässigung der Schwächsten und in den Angriffen auf die Natur.

67. Wir sind nicht Gott. Die Erde war schon vor uns da und ist uns gegeben worden. Das gestattet, auf eine Beschuldigung gegenüber dem jüdisch-christlichen Denken zu antworten: Man hat gesagt, seit dem Bericht der Genesis, der einlädt, sich die Erde zu „unterwerfen" (vgl. *Gen* 1,28), werde die wilde Ausbeutung der Natur begünstigt durch die Darstellung des Menschen als herrschend und destruktiv. Das ist keine korrekte Interpretation der Bibel, wie die Kirche sie versteht. Wenn es stimmt, dass wir Christen die Schriften manchmal falsch interpretiert haben, müssen wir heute mit Nachdruck zurückweisen, dass aus der Tatsache, als Abbild Gottes erschaffen zu sein, und dem Auftrag, die Erde zu beherrschen, eine absolute Herrschaft über die anderen Geschöpfe gefolgert wird. Es ist wichtig, die biblischen Texte in ihrem Zusammenhang zu lesen, mit einer geeigneten Hermeneutik, und daran zu erinnern, dass sie uns einladen, den Garten der Welt zu „bebauen" und zu „hüten" (vgl. *Gen* 2,15). Während „bebauen" kultivieren, pflügen oder bewirtschaften bedeutet, ist mit „hüten" schützen, beaufsichtigen, bewahren, erhalten, bewachen gemeint. Das schließt eine Beziehung verantwortlicher Wechselseitigkeit zwischen dem Menschen und der Natur ein. Jede Gemeinschaft darf von der Erde das nehmen, was sie zu ihrem Überleben braucht, hat aber auch die Pflicht, sie zu schützen und das Fortbestehen ihrer Fruchtbarkeit für die kommenden Generationen zu gewährleisten. Denn „dem Herrn gehört die Erde" (*Ps* 24,1), ihm gehört

letztlich „die Erde und alles, was auf ihr lebt“ (*Dtn* 10,14). Darum lehnt Gott jeden Anspruch auf absolutes Eigentum ab: „Das Land darf nicht endgültig verkauft werden; denn das Land gehört mir, und ihr seid nur Fremde und Halbbürger bei mir“ (*Lev* 25,23).

68. Diese Verantwortung gegenüber einer Erde, die Gott gehört, beinhaltet, dass der Mensch, der vernunftbegabt ist, die Gesetze der Natur und die empfindlichen Gleichgewichte unter den Geschöpfen auf dieser Welt respektiert, „denn er gebot, und sie waren erschaffen. Er stellte sie hin für immer und ewig, er gab ihnen ein Gesetz, das sie nicht übertreten“ (*Ps* 148,5b-6). Daher kommt es, dass die biblische Gesetzessammlung sich damit aufhält, dem Menschen verschiedene Vorschriften nicht nur in Beziehung zu den anderen Menschen, sondern auch in Beziehung zu den anderen Lebewesen zu geben: „Du sollst nicht untätig zusehen, wie ein Esel oder ein Ochse deines Bruders auf dem Weg zusammenbricht. Du sollst dann nicht so tun, als gingen sie dich nichts an [...] Wenn du unterwegs auf einem Baum oder auf der Erde zufällig ein Vogelnest mit Jungen oder mit Eiern darin findest und die Mutter auf den Jungen oder auf den Eiern sitzt, sollst du die Mutter nicht zusammen mit den Jungen herausnehmen“ (*Dtn* 22,4.6). Auf dieser Linie wird die Ruhe am siebten Tag nicht nur für den Menschen vorgeschrieben, sondern auch, „damit dein Rind und dein Esel ausruhen“ (*Ex* 23,12). Auf diese Weise bemerken wir, dass die Bibel keinen Anlass gibt für einen despotischen Anthropozentrismus, der sich nicht um die anderen Geschöpfe kümmert.

69. Während wir die Dinge in verantwortlicher Weise gebrauchen dürfen, sind wir zugleich aufgerufen zu erkennen, dass die anderen Lebewesen vor Gott einen Eigenwert besitzen und ihn „schon allein durch ihr Dasein preisen und verherrlichen"[41], denn der Herr freut sich seiner Werke (vgl. *Ps* 104,31). Gerade wegen seiner einzigartigen Würde und weil er mit Vernunft begabt ist, ist der Mensch aufgerufen, die Schöpfung mit ihren inneren Gesetzen zu respektieren, denn „der Herr hat die Erde mit Weisheit gegründet" (*Spr* 3,19). Heute sagt die Kirche nicht einfach, dass die anderen Geschöpfe dem Wohl des Menschen völlig untergeordnet sind, als besäßen sie in sich selbst keinen Wert und wir könnten willkürlich über sie verfügen. Darum lehren die Bischöfe Deutschlands: Bei den anderen Geschöpfen „könnte man von einem Vorrang des *Seins* vor dem *Nützlichsein* sprechen."[42] Der *Katechismus* erörtert das, was ein fehlgeleiteter Anthropozentrismus wäre, auf sehr direkte und nachdrückliche Weise: „Jedes Geschöpf besitzt seine eigene Güte und Vollkommenheit [...] Die unterschiedlichen Geschöpfe spiegeln in ihrem gottgewollten Eigensein, jedes auf seine Art, einen Strahl der unendlichen Weisheit und Güte Gottes wider. Deswegen muss der Mensch die gute Natur eines jeden Geschöpfes achten und sich hüten, die Dinge gegen ihre Ordnung zu gebrauchen."[43]

70. In der Erzählung von Kain und Abel sehen wir, dass die Eifersucht Kain dazu führte, das extreme Unrecht gegen seinen Bruder zu verüben. Das wiederum verursachte einen Bruch der Beziehung zwischen Kain und Gott sowie zwischen Kain und dem

Land, aus dem er vertrieben wurde. Diese Textstelle ist in dem dramatischen Gespräch Gottes mit Kain zusammengefasst. Gott fragt: „Wo ist dein Bruder Abel?" Kain antwortet, er wisse es nicht, und Gott beharrt: „Was hast du getan? Das Blut deines Bruders schreit zu mir vom Ackerboden. So bist du verflucht, verbannt vom Ackerboden" (*Gen* 4,9-11). Die Unachtsamkeit in dem Bemühen, eine angemessene Beziehung zu meinem Nächsten zu pflegen und zu erhalten, für den ich sorgen und den ich behüten muss, zerstört meine innere Beziehung zu mir selbst, zu den anderen, zu Gott und zur Erde. Wenn alle diese Beziehungen vernachlässigt werden, wenn die Gerechtigkeit nicht mehr im Lande wohnt, dann – sagt uns die Bibel – ist das gesamte Leben in Gefahr. Das ist es, was uns die Erzählung von Noach lehrt, als Gott droht, die Menschheit zu vernichten wegen ihrer andauernden Unfähigkeit, entsprechend den Anforderungen von Gerechtigkeit und Frieden zu leben: „Ich sehe, das Ende aller Wesen aus Fleisch ist da; denn durch sie ist die Erde voller Gewalttat" (*Gen* 6,13). In diesen so alten, an tiefem Symbolismus überreichen Erzählungen war schon eine heutige Überzeugung enthalten: dass alles aufeinander bezogen ist und dass die echte Sorge für unser eigenes Leben und unsere Beziehungen zur Natur nicht zu trennen ist von der Brüderlichkeit, der Gerechtigkeit und der Treue gegenüber den anderen.

71. Obwohl „auf der Erde die Schlechtigkeit des Menschen zunahm" (*Gen* 6,5) und es Gott „reute [...], auf der Erde den Menschen gemacht zu haben" (*Gen* 6,6), entschied er doch, über Noach, der noch recht-

schaffen und gerecht geblieben war, einen Weg zur Rettung zu öffnen. So gab er der Menschheit die Möglichkeit zu einem neuen Anfang. *Ein* guter Mensch ist genug, um die Hoffnung nicht untergehen zu lassen! Die biblische Überlieferung legt deutlich fest, dass diese Wiederherstellung die Wiederentdeckung und die Achtung der Rhythmen einschließt, die durch die Hand des Schöpfers in die Natur eingeschrieben sind. Das zeigt sich zum Beispiel im *Sabbat*gebot. Am siebten Tag ruhte Gott von all seinen Werken. Gott gebot Israel, jeden siebten Tag als Ruhetag, als *Sabbat*, zu begehen (vgl. *Gen* 2,2-3; *Ex* 16,23; 20,10). Außerdem wurde alle sieben Jahre auch ein Sabbatjahr für Israel und sein Land eingerichtet (vgl. *Lev* 25,1-4), in dem man dem Land eine völlige Ruhe gewährte; es wurde nicht gesät und nur geerntet, was zum Leben und um Gastfreundschaft zu bieten unentbehrlich war (vgl. *Lev* 25,4 6). Und schließlich wurde nach sieben Jahreswochen, das heißt nach neunundvierzig Jahren, ein Jubiläum gefeiert, ein Jahr der allgemeinen Vergebung und der „Freiheit für alle Bewohner des Landes" (*Lev* 25,10). Die Entwicklung dieser Gesetzgebung versuchte, das Gleichgewicht und die Gerechtigkeit in den Beziehungen des Menschen zu den anderen und zu dem Land, in dem er lebte und das er bewirtschaftete, sicherzustellen. Zugleich war es aber die Anerkennung der Tatsache, dass das Geschenk der Erde und ihrer Früchte dem ganzen Volk gehört. Diejenigen, die das Land bebauten und hüteten, mussten seinen Ertrag teilen, besonders mit den Armen, den Witwen, den Waisen und den Fremden: „Wenn ihr die Ernte eures Landes einbringt, sollt ihr das Feld nicht bis zum äußersten Rand abernten. Du sollst keine Nachlese von deiner Ernte halten. In deinem Weinberg sollst du keine Nachlese halten und die abgefallenen Beeren nicht einsammeln. Du sollst sie dem Armen und dem Fremden überlassen“ (*Lev* 19,9-10).

72. Die Psalmen laden den Menschen häufig ein, Gott, den Schöpfer zu preisen, „der die Erde über den Wassern gegründet hat, denn seine Huld währt ewig“ (*Ps* 136,6). Doch sie laden auch die anderen Geschöpfe ein, ihn zu preisen: „Lobt ihn, Sonne und Mond, lobt ihn, all ihr leuchtenden Sterne; lobt ihn, alle Himmel und ihr Wasser über dem Himmel! Loben sollen sie den Namen des Herrn; denn er gebot, und sie waren erschaffen“ (*Ps* 148,3-5). Wir existieren nicht nur durch die Macht Gottes, sondern vor ihm und vereint mit ihm. Darum beten wir ihn an.

73. Die Schriften der Propheten laden dazu ein, in schwierigen Momenten die Seelenstärke wiederzuerlangen, indem man den mächtigen Gott betrachtet, der das Universum erschuf. Die unendliche Macht Gottes führt uns nicht dazu, vor seiner väterlichen Zärtlichkeit zu fliehen, denn in ihm sind liebevolle Zuneigung und Kraft miteinander verbunden. Tatsächlich beinhaltet jede gesunde Spiritualität, die göttliche Liebe aufzunehmen und den Herrn zugleich wegen seiner unendlichen Macht vertrauensvoll anzubeten. In der Bibel ist der Gott, der befreit und rettet, derselbe, der das Universum erschuf, und diese beiden göttlichen Handlungsweisen sind zutiefst und untrennbar miteinander verbunden: „Ach, mein Herr und Gott! Du hast Himmel und Erde erschaffen durch

deine große Kraft und deinen hoch erhobenen Arm. Nichts ist dir unmöglich [...] Du hast dein Volk Israel unter Zeichen und Wundern [...] aus Ägypten herausgeführt“ (*Jer* 32,17.21). „Der Herr ist ein ewiger Gott, der die weite Erde erschuf. Er wird nicht müde und matt, unergründlich ist seine Einsicht. Er gibt dem Müden Kraft, dem Kraftlosen verleiht er große Stärke“ (*Jes* 40,28b-29).

74. Die Erfahrung der babylonischen Gefangenschaft verursachte eine geistliche Krise, die eine Vertiefung des Glaubens an Gott auslöste, indem sie dessen schöpferische Allmacht verdeutlichte, um das Volk aufzufordern, inmitten seiner unglücklichen Situation die Hoffnung wiederzugewinnen. Jahrhunderte später, in einem anderen Moment der Prüfung und Verfolgung, als das römische Reich versuchte, eine absolute Herrschaft durchzusetzen, fanden die Gläubigen wieder Trost und Hoffnung, indem sie ihr Vertrauen auf den allmächtigen Gott stärkten und sangen: „Groß und wunderbar sind deine Taten, Herr, Gott und Herrscher über die ganze Schöpfung. Gerecht und zuverlässig sind deine Wege, du König der Völker!“ (*Offb* 15,3). Wenn er das Universum aus dem Nichts erschaffen konnte, kann er auch in dieser Welt eingreifen und jede Form des Bösen überwinden. Unter solchen Umständen ist das Unrecht nicht unbesiegbar.

75. Wir können nicht eine Spiritualität vertreten, die Gott als den Allmächtigen und den Schöpfer vergisst. Auf diese Weise würden wir schließlich andere Mächte der Welt anbeten oder uns an die Stelle des

Herrn setzen und uns sogar anmaßen, die von ihm geschaffene Wirklichkeit unbegrenzt mit Füßen zu treten. Die beste Art, den Menschen auf seinen Platz zu verweisen und seinem Anspruch, ein absoluter Herrscher über die Erde zu sein, ein Ende zu setzen, besteht darin, ihm wieder die Figur eines Vaters vor Augen zu stellen, der Schöpfer und einziger Eigentümer der Welt ist. Denn andernfalls wird der Mensch immer dazu neigen, der Wirklichkeit seine eigenen Gesetze und Interessen aufzuzwingen.

III. DAS GEHEIMNIS DES UNIVERSUMS

76. Von „Schöpfung" zu sprechen ist für die jüdisch-christliche Überlieferung mehr als von Natur zu sprechen, denn es hat mit einem Plan der Liebe Gottes zu tun, wo jedes Geschöpf einen Wert und eine Bedeutung besitzt. Die Natur wird gewöhnlich als ein System verstanden, das man analysiert, versteht und handhabt, doch die Schöpfung kann nur als ein Geschenk begriffen werden, das aus der offenen Hand des Vaters aller Dinge hervorgeht, als eine Wirklichkeit, die durch die Liebe erleuchtet wird, die uns zu einer allumfassenden Gemeinschaft zusammenruft.

77. „Durch das Wort des Herrn wurden die Himmel geschaffen" (*Ps* 33,6). So wird uns gezeigt, dass die Welt aus einer Entscheidung hervorging, nicht aus dem Chaos oder der Zufallswirkung, und das verleiht ihr noch mehr Würde. Es gibt eine freie Entscheidung, die in dem schöpferischen Wort ausgedrückt

ist. Das Universum entstand nicht als Ergebnis einer willkürlichen Allmacht, einer Demonstration von Kraft oder eines Wunsches nach Selbstbestätigung. Die Schöpfung ist in der Ordnung der Liebe angesiedelt. Die Liebe Gottes ist der fundamentale Beweggrund der gesamten Schöpfung: „Du liebst alles, was ist, und verabscheust nichts von allem, was du gemacht hast; denn hättest du etwas gehasst, so hättest du es nicht geschaffen" (*Weish* 11,24). Jedes Geschöpf ist also Gegenstand der Zärtlichkeit des Vaters, der ihm einen Platz in der Welt zuweist. Sogar das vergängliche Leben des unbedeutendsten Wesens ist Objekt seiner Liebe, und in diesen wenigen Sekunden seiner Existenz umgibt er es mit seinem Wohlwollen. Der heilige Basilius der Große sagte, dass der Schöpfer auch „die unerschöpfliche Güte"[44] ist, und Dante Alighieri sprach von der „Liebe, welche die Sonne und die Sterne bewegt".[45] Daher steigt man von den geschaffenen Werken Gottes auf „zu seiner liebevollen Barmherzigkeit".[46]

78. Zugleich entmythologisierte das jüdisch-christliche Denken die Natur. Ohne aufzuhören, sie wegen ihrer Pracht und ihrer Unermesslichkeit zu bewundern, schrieb es ihr keinen göttlichen Charakter mehr zu. Auf diese Weise wird unsere Verpflichtung ihr gegenüber noch mehr betont. Eine Rückkehr zur Natur darf nicht auf Kosten der Freiheit und der Verantwortung des Menschen geschehen, der ein Teil der Welt ist mit der Pflicht, seine eigenen Fähigkeiten auszubauen, um die Welt zu schützen und ihre Potenzialitäten zu entfalten. Wenn wir den Wert und die Zerbrechlichkeit der Natur erkennen und zugleich die Fähigkeiten,

die der Schöpfer uns verliehen hat, gestattet uns das, heute mit dem modernen Mythos vom unbegrenzten materiellen Fortschritt Schluss zu machen. Eine zerbrechliche Welt mit einem Menschen, dem Gott sie zur Obhut anvertraut, appelliert an unsere Vernunft, um zu erkennen, wie wir unsere Macht orientieren, ausüben und beschränken müssten.

79. In diesem Universum, das aus offenen Systemen gebildet ist, die miteinander in Kommunikation treten, können wir unzählige Formen von Beziehung und Beteiligung entdecken. Das führt zu dem Gedanken, dass auch die Gesamtheit offen ist für die Transzendenz Gottes, in der sie sich entfaltet. Der Glaube gestattet uns, den Sinn und die geheimnisvolle Schönheit des Geschehens zu interpretieren. Die menschliche Freiheit kann ihren klugen Beitrag zu einer positiven Entwicklung liefern, aber sie kann auch neue Übel, neue Ursachen von Leiden und wirkliche Rückschritte hinzufügen. Das veranlasst die spannende und dramatische menschliche Geschichte, die imstande ist, sich in eine Entfaltung von Freiheit, Wachstum, Erlösung und Liebe oder in einen Weg des Verfalls und der gegenseitigen Zerstörung zu verwandeln. Darum beabsichtigt die Kirche mit ihrem Tun, nicht nur an die Pflicht zu erinnern, die Natur zu hüten, sondern „sie muss vor allem den Menschen gegen seine Selbstzerstörung schützen".[47]

80. Trotzdem ist Gott, der gemeinsam mit uns handeln und auf unsere Mitarbeit zählen möchte, auch imstande, manches Gute aus den Übeln zu ziehen, die wir vollbringen, weil „der Heilige Geist eine un-

endliche Einfallskraft besitzt, die dem Denken Gottes eigen ist, der auch die Schwierigkeiten der kompliziertesten und undurchdringlichsten menschlichen Schicksale zu lösen weiß".[48] In gewisser Weise wollte er sich selbst beschränken, als er eine Welt schuf, die der Entwicklung bedarf, wo viele Dinge, die wir als Übel, Gefahren oder Quellen des Leidens ansehen, in Wirklichkeit Teil der „Geburtswehen" sind, die uns anregen, mit dem Schöpfer zusammenzuarbeiten.[49] Er ist im Innersten aller Dinge zugegen, ohne die Autonomie seines Geschöpfes zu beeinträchtigen, und das gibt auch Anlass zu der legitimen Autonomie der irdischen Wirklichkeiten.[50] Diese göttliche Gegenwart, die das Fortbestehen und die Entwicklung allen Seins sicherstellt, „ist die Fortsetzung des Schöpfungsaktes".[51] Der Geist Gottes erfüllte das Universum mit Wirkkräften, die gestatten, dass aus dem Innern der Dinge selbst immer etwas Neues entspringen kann: „Die Natur ist nichts anderes als die Vernunft einer gewissen Kunst, nämlich der göttlichen, die den Dingen eingeschrieben ist und durch die die Dinge sich auf ein bestimmtes Ziel zubewegen: so, als könne der Schiffsbauer dem Holz gewähren, dass es sich von selbst dahin bewegt, die Form des Schiffes anzunehmen."[52]

81. Obwohl auch der Mensch Entwicklungsprozesse voraussetzt, schließt er etwas Neues ein, das von der Entwicklung anderer offener Systeme her nicht gänzlich erklärbar ist. Jeder von uns besitzt in sich eine persönliche Identität, die fähig ist, mit den anderen und mit Gott selbst in Dialog zu treten. Die Fähigkeit zu Reflexion, Beweisführung, Kreativität, Interpre-

tation und künstlerischem Schaffen sowie andere, völlig neue Fähigkeiten zeigen eine Besonderheit, die den physischen und biologischen Bereich überschreitet. Die qualitative Neuheit, die darin besteht, dass im materiellen Universum ein Wesen auftaucht, das Person ist, setzt ein direktes Handeln Gottes voraus, einen besonderen Ruf ins Leben und in die Beziehung eines Du zu einem anderen Du. Von den biblischen Erzählungen her betrachten wir den Menschen als ein Subjekt, das niemals in die Kategorie des Objektes herabgesetzt werden kann.

82. Doch es wäre auch irrig zu denken, dass die anderen Lebewesen als bloße Objekte angesehen werden müssen, die der willkürlichen Herrschaft des Menschen unterworfen sind. Wenn die Natur einzig als Gegenstand des Profits und der Interessen gesehen wird, hat das auch ernste Folgen in der Gesellschaft. Die Sichtweise, welche die Willkür des Stärksten unterstützt, hat für die Mehrheit der Menschheit zu unermesslich viel Ungleichheit, Ungerechtigkeit und Gewalt geführt, denn die Ressourcen gehen dann in den Besitz dessen über, der zuerst ankommt oder der mächtiger ist: Der Sieger nimmt alles mit. Das Ideal von Harmonie, Gerechtigkeit, Brüderlichkeit und Frieden, das Jesus vorschlägt, liegt im Gegensatz zu einem solchen Modell, und so drückte er es im Hinblick auf die Machthaber seiner Zeit aus: „Ihr wisst, dass die Herrscher ihre Völker unterdrücken und die Mächtigen ihre Macht über die Menschen missbrauchen. Bei euch soll es nicht so sein, sondern wer bei euch groß sein will, der soll euer Diener sein“ (*Mt* 20,25-26).

83. Das Ziel des Laufs des Universum liegt in der Fülle Gottes, die durch den auferstandenen Christus – den Angelpunkt des universalen Reifungsprozesses – schon erreicht worden ist.[53] So fügen wir ein weiteres Argument hinzu, um jede despotische und verantwortungslose Herrschaft des Menschen über die anderen Geschöpfe abzulehnen. Der letzte Zweck der anderen Geschöpfe sind nicht wir. Doch alle gehen mit uns und durch uns voran auf das gemeinsame Ziel zu, das Gott ist, in einer transzendenten Fülle, wo der auferstandene Christus alles umgreift und erleuchtet. Denn der Mensch, der mit Intelligenz und Liebe begabt ist und durch die Fülle Christi angezogen wird, ist berufen, alle Geschöpfe zu ihrem Schöpfer zurückzuführen.

IV. DIE BOTSCHAFT EINES JEDEN GESCHÖPFES IN DER HARMONIE DER GESAMTEN SCHÖPFUNG

84. Wenn wir auf der Aussage bestehen, dass der Mensch ein Abbild Gottes ist, dürfte uns das nicht vergessen lassen, dass jedes Geschöpf eine Funktion besitzt und keines überflüssig ist. Das ganze materielle Universum ist ein Ausdruck der Liebe Gottes, seiner grenzenlosen Zärtlichkeit uns gegenüber. Der Erdboden, das Wasser, die Berge – alles ist eine Liebkosung Gottes. Die Geschichte der eigenen Freundschaft mit Gott entwickelt sich immer in einem geografischen Raum, der sich in ein ganz persönliches Zeichen verwandelt, und jeder von uns bewahrt in

seinem Gedächtnis Orte, deren Erinnerung ihm sehr gut tut. Wer in den Bergen aufgewachsen ist oder wer sich als Kind zum Trinken am Bach niedergesetzt hat oder wer auf dem Platz in seinem Wohnviertel gespielt hat, fühlt sich, wenn er an diese Orte zurückkehrt, gerufen, seine eigene Identität wiederzuerlangen.

85. Gott hat ein kostbares Buch geschrieben, dessen „Buchstaben von der Vielzahl der im Universum vertretenen Geschöpfe gebildet werden".[54] Gut haben die Bischöfe von Kanada zum Ausdruck gebracht, dass kein Geschöpf von diesem Sich-Kundtun Gottes ausgeschlossen ist: „Von den weitesten Panoramablicken bis zur winzigsten Lebensform ist die Natur eine ständige Quelle für Verwunderung und Ehrfurcht. Sie ist auch eine fortwährende Offenbarung des Göttlichen."[55] Die Bischöfe von Japan äußerten ihrerseits einen sehr reizvollen Gedanken: „Wahrzunehmen, wie jedes Geschöpf den Hymnus seiner Existenz singt, bedeutet, freudig in der Liebe Gottes und in der Hoffnung zu leben."[56] Diese Betrachtung der Schöpfung erlaubt uns, durch jedes Ding irgendeine Lehre zu entdecken, die Gott uns übermitteln möchte, denn „die Schöpfung zu betrachten bedeutet für den Gläubigen auch, eine Botschaft zu hören, eine paradoxe und lautlose Stimme wahrzunehmen".[57] So können wir sagen: „Neben der eigentlichen, in der Heiligen Schrift enthaltenen Offenbarung tut sich Gott auch im Strahlen der Sonne und im Anbruch der Nacht kund."[58] Wenn der Mensch auf dieses Sich-Kundtun achtet, lernt er, in der Beziehung zu den anderen Geschöpfen sich selbst zu erkennen: „Ich drücke mich

selbst aus, indem ich die Welt zum Ausdruck bringe; ich erkunde meine eigene Sakralität, indem ich die der Welt zu entschlüsseln suche.“[59]

86. Die Gesamtheit des Universums mit seinen vielfältigen Beziehungen zeigt am besten den unerschöpflichen Reichtum Gottes. Der heilige Thomas von Aquin hob weise hervor, dass die Vielfalt und die Verschiedenheit „aus der Absicht des Erstwirkenden“ entspringen, der wollte, dass „das, was dem einen zur Darstellung der göttlichen Güte fehlt, ersetzt werde durch das andere“[60], weil seine Güte „durch ein einziges Geschöpf nicht ausreichend dargestellt werden kann“.[61] Deshalb müssen wir die Verschiedenheit der Dinge in ihren vielfältigen Beziehungen wahrnehmen.[62] Man versteht also die Bedeutung und den Sinn irgendeines Geschöpfes besser, wenn man es in der Gesamtheit des Planes Gottes betrachtet. So lehrt der *Katechismus*: „Die gegenseitige Abhängigkeit der Geschöpfe ist gottgewollt. Die Sonne und der Mond, die Zeder und die Feldblume, der Adler und der Sperling – all die unzähligen Verschiedenheiten und Ungleichheiten besagen, dass kein Geschöpf sich selbst genügt, dass die Geschöpfe nur in Abhängigkeit voneinander existieren, um sich im Dienst aneinander gegenseitig zu ergänzen.“[63]

87. Wenn wir uns bewusst werden, dass in allem, was existiert, der Widerschein Gottes vorhanden ist, verspüren wir zuinnerst den Wunsch, den Herrn für alle seine Geschöpfe und gemeinsam mit ihnen anzubeten, wie es in dem wunderschönen Hymnus des heiligen Franziskus von Assisi zum Ausdruck kommt:

„Gelobt seist du, mein Herr,
mit allen deinen Geschöpfen,
zumal dem Herrn Bruder Sonne*,
welcher der Tag ist und durch den du uns leuchtest.
Und schön ist er und strahlend mit großem Glanz:
von dir, Höchster, ein Sinnbild.
Gelobt seist du, mein Herr,
durch** Schwester Mond und die Sterne;
am Himmel hast du sie gebildet,
klar und kostbar und schön.
Gelobt seist du, mein Herr,
durch Bruder Wind und durch Luft und Wolken
und heiteres und jegliches Wetter,
durch das du deinen Geschöpfen Unterhalt gibst.
Gelobt seist du, mein Herr,
durch Schwester Wasser,
gar nützlich ist es und demütig und kostbar und
keusch.
Gelobt seist du, mein Herr,
durch Bruder Feuer,
durch das du die Nacht erleuchtest;
und schön ist es und fröhlich und kraftvoll und
stark.[64]

88. Die Bischöfe von Brasilien haben betont, dass die gesamte Natur Gott nicht nur kundtut, sondern auch Ort seiner Gegenwart ist. In jedem Geschöpf wohnt sein lebenspendender Geist, der uns in eine Beziehung zu ihm ruft.[65] Die Entdeckung dieser Gegenwart regt in uns die Entwicklung der „ökologischen Tugenden" an.[66] Doch wenn wir dies sagen, vergessen wir nicht, dass auch ein unendlicher Abstand besteht und dass die Dinge dieser Welt nicht die Fülle Gottes

besitzen. Andernfalls würden wir den Geschöpfen auch keinen Gefallen tun, denn wir würden ihnen nicht ihren eigentlichen und wahren Ort zuerkennen und letztlich zu Unrecht von ihnen erwarten, was sie uns in ihrer Kleinheit nicht geben können.

V. EINE UNIVERSALE GEMEINSCHAFT

89. Die Geschöpfe dieser Welt können nicht als ein herrenloses Gut betrachtet werden: Alles ist dein Eigentum, Herr, du Freund des Lebens (vgl. *Weish* 11,26). Das gibt Anlass zu der Überzeugung, dass sämtliche Geschöpfe des Universums, da sie von ein und demselben Vater erschaffen wurden, durch unsichtbare Bande verbunden sind und wir alle miteinander eine Art universale Familie bilden, eine sublime Gemeinschaft, die uns zu einem heiligen, liebevollen und demütigen Respekt bewegt. Ich möchte daran erinnern, dass „Gott uns so eng mit der Welt, die uns umgibt, verbunden [hat], dass die Desertifikation des Bodens so etwas wie eine Krankheit für jeden Einzelnen ist, und wir [...] das Aussterben einer Art beklagen [können], als wäre es eine Verstümmelung“.[66]

90. Das bedeutet nicht, alle Lebewesen gleichzustellen und dem Menschen jenen besonderen Wert zu nehmen, der zugleich eine unermessliche Verantwortung mit sich bringt. Es setzt ebenso wenig eine Vergötterung der Erde voraus, die uns die Berufung entziehen würde, mit ihr zusammenzuarbeiten und

ihre Schwäche zu schützen. Diese Auffassungen würden letztlich neue Missverhältnisse schaffen, um der Realität zu entfliehen, die uns unmittelbar angeht.[68] Manchmal bemerkt man eine Versessenheit, dem Menschen jeden Vorrang abzusprechen, und es wird für andere Arten ein Kampf entfacht, wie wir ihn nicht entwickeln, um die gleiche Würde unter den Menschen zu verteidigen. Es stimmt, dass wir uns darum kümmern müssen, dass andere Lebewesen nicht verantwortungslos behandelt werden. Doch in besonderer Weise müssten uns die Ungerechtigkeiten in Wut versetzen, die unter uns bestehen, denn wir dulden weiterhin, dass einige sich für würdiger halten als andere. Wir bemerken nicht mehr, dass einige sich in einem erniedrigenden Elend dahinschleppen ohne wirkliche Möglichkeiten, es zu überwinden, während andere nicht einmal wissen, was sie mit ihrem Besitz anfangen sollen, voll Eitelkeit eine vorgebliche Überlegenheit zur Schau stellen und ein Ausmaß an Verschwendung hinter sich zurücklassen, das unmöglich verallgemeinert werden könnte, ohne den Planeten zu zerstören. Wir lassen in der Praxis weiterhin zu, dass einige meinen, mehr Mensch zu sein als andere, als wären sie mit größeren Rechten geboren.

91. Ein Empfinden inniger Verbundenheit mit den anderen Wesen in der Natur kann nicht echt sein, wenn nicht zugleich im Herzen eine Zärtlichkeit, ein Mitleid und eine Sorge um die Menschen vorhanden ist. Die Ungereimtheit dessen, der gegen den Handel mit vom Aussterben bedrohten Tieren kämpft, aber angesichts des Menschenhandels völlig gleichgültig bleibt, die Armen nicht beachtet oder darauf beharrt,

andere Menschen zu ruinieren, die ihm missfallen, ist offensichtlich. Das bringt den Sinn des Kampfes für die Umwelt in Gefahr. Es ist kein Zufall, dass der heilige Franziskus in dem Hymnus, in dem er Gott durch dessen Geschöpfe preist, hinzufügt: „Gelobt seist du, mein Herr, durch jene, die verzeihen um deiner Liebe willen." Alles ist miteinander verbunden. Darum ist eine Sorge für die Umwelt gefordert, die mit einer echten Liebe zu den Menschen und einem ständigen Engagement angesichts der Probleme der Gesellschaft verbunden ist.

92. Wenn andererseits das Herz wirklich offen ist für eine universale Gemeinschaft, dann ist nichts und niemand aus dieser Geschwisterlichkeit ausgeschlossen. Folglich ist es auch wahr, dass die Gleichgültigkeit oder die Grausamkeit gegenüber den anderen Geschöpfen dieser Welt sich letztlich immer irgendwie auf die Weise übertragen, wie wir die anderen Menschen behandeln. Das Herz ist nur eines, und die gleiche Erbärmlichkeit, die dazu führt, ein Tier zu misshandeln, zeigt sich unverzüglich auch in der Beziehung zu anderen Menschen. Jegliche Grausamkeit gegenüber irgendeinem Geschöpf „widerspricht der Würde des Menschen".[69] Wir können uns nicht als große Liebende betrachten, wenn wir irgendeinen Teil der Wirklichkeit aus unseren Interessen ausschließen. „Friede, Gerechtigkeit und Bewahrung der Schöpfung sind drei absolut miteinander verbundene Themen, die nicht getrennt und einzeln behandelt werden können, ohne erneut in Reduktionismus zu fallen."[70] Alles ist aufeinander bezogen, und alle Menschen sind als Brüder und Schwestern gemein-

sam auf einer wunderbaren Pilgerschaft, miteinander verflochten durch die Liebe, die Gott für jedes seiner Geschöpfe hegt und die uns auch in zärtlicher Liebe mit „Bruder Sonne", „Schwester Mond", Bruder Fluss und Mutter Erde vereint.

VI. DIE GEMEINSAME BESTIMMUNG DER GÜTER

93. Heute sind wir uns unter Gläubigen und Nichtgläubigen darüber einig, dass die Erde im Wesentlichen ein gemeinsames Erbe ist, dessen Früchte allen zugutekommen müssen. Für die Gläubigen verwandelt sich das in eine Frage der Treue gegenüber dem Schöpfer, denn Gott hat die Welt für alle erschaffen. Folglich muss der gesamte ökologische Ansatz eine soziale Perspektive einbeziehen, welche die Grundrechte derer berücksichtigt, die am meisten übergangen werden. Das Prinzip der Unterordnung des Privatbesitzes unter die allgemeine Bestimmung der Güter und daher das allgemeine Anrecht auf seinen Gebrauch ist eine „goldene Regel" des sozialen Verhaltens und das „Grundprinzip der ganzen sozialethischen Ordnung".[71] Die christliche Tradition hat das Recht auf Privatbesitz niemals als absolut und unveräußerlich anerkannt und die soziale Funktion jeder Form von Privatbesitz betont. Der heilige Johannes Paul II. hat mit großem Nachdruck an diese Lehre erinnert und gesagt: „Gott hat die Erde dem ganzen Menschengeschlecht geschenkt, *ohne jemanden auszuschließen oder zu bevorzugen*, auf dass sie

alle seine Mitglieder ernähre."[72] Das sind inhaltsschwere und starke Worte. Er hob hervor, dass „ein Entwicklungstyp nicht wirklich des Menschen würdig wäre, der nicht auch die persönlichen und gesellschaftlichen, wirtschaftlichen und politischen Menschenrechte, die Rechte der Nationen und Völker eingeschlossen, achten und fördern würde".[73] In aller Deutlichkeit erklärte er: „Die Kirche verteidigt zwar den berechtigten Anspruch auf Privateigentum, lehrt jedoch ebenso unmissverständlich, dass jedes Privateigentum immer mit einer »sozialen Hypothek« belastet ist, damit alle Güter der allgemeinen Bestimmung dienen, die Gott ihnen zugeteilt hat."[74] Und er bekräftigte: Es ist also „nicht der Absicht Gottes entsprechend, diese Gabe in einer Weise zu verwalten, dass ihre Wohltaten nur einigen zugutekommen".[75] Das stellt die ungerechten Gewohnheiten eines Teils der Menschheit ernsthaft in Frage.[76]

94. Der Reiche und der Arme besitzen die gleiche Würde, denn „der Herr hat sie alle erschaffen" (*Spr* 22,2), „er hat Klein und Groß erschaffen" (*Weish* 6,7) und „lässt seine Sonne aufgehen über Bösen und Guten" (*Mt* 5,45). Das hat praktische Konsequenzen wie die, welche die Bischöfe von Paraguay darlegten: „Jeder Campesino hat ein natürliches Recht darauf, ein angemessenes Stück Land zu besitzen, wo er seine Wohnstätte errichten, für den Lebensunterhalt seiner Familie arbeiten und existentielle Sicherheit haben kann. Dieses Recht muss garantiert werden, damit es keine Illusion bleibt, sondern konkret angewendet wird. Das bedeutet, dass der Campesino außer dem Eigentumszertifikat sich auf Mittel tech-

nischer Schulung, Kredite, Versicherungen und Vermarktung verlassen muss."[77]

95. Die Umwelt ist ein kollektives Gut, ein Erbe der gesamten Menschheit und eine Verantwortung für alle. Wenn sich jemand etwas aneignet, dann nur, um es zum Wohl aller zu verwalten. Wenn wir das nicht tun, belasten wir unser Gewissen damit, die Existenz der anderen zu leugnen. Deshalb haben die Bischöfe von Neuseeland sich gefragt, was das Gebot „du sollst nicht töten" bedeutet, wenn „zwanzig Prozent der Weltbevölkerung Ressourcen in solchem Maß verbrauchen, dass sie den armen Nationen und den kommenden Generationen das rauben, was diese zum Überleben brauchen".[78]

VII. DER BLICK JESU

96. Jesus übernimmt den biblischen Glauben an den Schöpfergott und betont etwas Grundlegendes: Gott ist Vater (vgl. *Mt* 11,25). In den Gesprächen mit seinen Jüngern forderte Jesus sie auf, die väterliche Beziehung zu erkennen, die Gott zu allen Geschöpfen hat, und erinnerte sie mit einer rührenden Zärtlichkeit daran, wie jedes von ihnen in seinen Augen wichtig ist: „Verkauft man nicht fünf Spatzen für ein paar Pfennig? Und doch vergisst Gott nicht einen von ihnen" (*Lk* 12,6). „Seht euch die Vögel des Himmels an: Sie säen nicht, sie ernten nicht und sammeln keine Vorräte in Scheunen; euer himmlischer Vater ernährt sie" (*Mt* 6,26).

97. Der Herr konnte andere auffordern, auf die Schönheit zu achten, die es in der Welt gibt, denn er selbst war in ständigem Kontakt mit der Natur und widmete ihr eine von Liebe und Staunen erfüllte Aufmerksamkeit. Wenn er jeden Winkel seines Landes durchstreifte, verweilte er dabei, die von seinem Vater ausgesäte Schönheit zu betrachten, und lud seine Jünger ein, in den Dingen eine göttliche Botschaft zu erkennen: „Blickt umher und seht, dass die Felder weiß sind, reif zur Ernte" (*Joh* 4,35). „Mit dem Himmelreich ist es wie mit einem Senfkorn, das ein Mann auf seinen Acker säte. Es ist das kleinste von allen Samenkörnern; sobald es aber hochgewachsen ist, ist es größer als die anderen Gewächse und wird zu einem Baum". (*Mt* 13,31-32).

98. Jesus lebte in vollkommener Harmonie mit der Schöpfung, und die anderen wunderten sich: „Was ist das für ein Mensch, dass ihm sogar die Winde und der See gehorchen?" (*Mt* 8,27). Er erschien nicht wie ein weltfremder und den angenehmen Dingen des Lebens feindlich gesonnener Asket. In Bezug auf sich selbst sagte er: „Der Menschensohn ist gekommen, er isst und trinkt; darauf sagen sie: Dieser Fresser und Säufer" (*Mt* 11,19). Er war weit entfernt von den Philosophien, die den Leib, die Materie und die Dinge dieser Welt verachteten. Dennoch haben diese ungesunden Dualismen im Laufe der Geschichte einen bedeutenden Einfluss auf einige christliche Denker ausüben können und das Evangelium entstellt. Jesus arbeitete mit seinen Händen und hatte täglich Kontakt mit der von Gott geschaffenen Materie, um sie mit seinem handwerklichen Geschick zu gestalten.

Es ist auffallend, dass der größte Teil seines Lebens dieser Aufgabe gewidmet war, in einem einfachen Leben, das keinerlei Bewunderung erregte: „Ist das nicht der Zimmermann, der Sohn der Maria?“ (*Mk* 6,3). So heiligte er die Arbeit und verlieh ihr einen besonderen Wert für unsere Reifung. Der heilige Johannes Paul II. lehrte: „Indem der Mensch die Mühsal der Arbeit in Einheit mit dem für uns gekreuzigten Herrn erträgt, wirkt er mit dem Gottessohn an der Erlösung der Menschheit auf seine Weise mit.“[79]

99. Nach dem christlichen Verständnis der Wirklichkeit geht die Bestimmung der gesamten Schöpfung über das Christusmysterium, das vom Anfang aller Dinge an gegenwärtig ist: „Alles ist durch ihn und auf ihn hin geschaffen“ (*Kol* 1,16).[80] Der Prolog des Johannesevangeliums (1,1-18) zeigt das schöpferische Handeln Christi als des göttlichen Wortes (*Lógos*). Doch dieser Prolog überrascht durch seine Behauptung, dass dieses Wort „Fleisch geworden“ ist (*Joh* 1,14). Eine Person der Trinität hat sich in den geschaffenen Kosmos eingefügt und ihr Geschick mit ihm durchlaufen bis zum Kreuz. Vom Anbeginn der Welt, in besonderer Weise jedoch seit der Inkarnation, wirkt das Christusmysterium geheimnisvoll in der Gesamtheit der natürlichen Wirklichkeit, ohne deswegen dessen Autonomie zu beeinträchtigen.

100. Das Neue Testament spricht zu uns nicht nur vom irdischen Jesus und seiner so konkreten und liebevollen Beziehung zur Welt. Es zeigt ihn auch als den Auferstandenen und Verherrlichten, der mit seiner allumfassenden Herrschaft in der gesamten

Schöpfung gegenwärtig ist: „Gott wollte mit seiner ganzen Fülle in ihm wohnen, um durch ihn alles zu versöhnen. Alles im Himmel und auf Erden wollte er zu Christus führen, der Friede gestiftet hat am Kreuz durch sein Blut.“ (*Kol* 1,19-20). Das versetzt uns ans Ende der Zeiten, wenn der Sohn dem Vater alles übergibt und Gott alles in allem ist (vgl. *1* Kor 15,28). Auf diese Weise erscheinen uns die Geschöpfe dieser Welt nicht mehr als eine bloß natürliche Wirklichkeit, denn geheimnisvoll umschließt sie der Auferstandene und richtet sie auf eine Bestimmung der Fülle aus. Die gleichen Blumen des Feldes und die Vögel, die er mit seinen menschlichen Augen voll Bewunderung betrachtete, sind jetzt erfüllt von seiner strahlenden Gegenwart.

WORLD · FINANCE · CENTER

Er stört!
FRANCISCO'S
WORLD
SOUL·CENTER
$
¥
€
£

DRITTES KAPITEL
DIE MENSCHLICHE WURZEL DER ÖKOLOGISCHEN KRISE

101. Es wird uns nicht nützen, die Symptome zu beschreiben, wenn wir nicht die menschliche Wurzel der ökologischen Krise erkennen. Es gibt ein Verständnis des menschlichen Lebens und Handelns, das fehlgeleitet ist und der Wirklichkeit widerspricht bis zu dem Punkt, ihr zu schaden. Warum sollen wir nicht innehalten, um darüber nachzudenken? Bei dieser Überlegung schlage ich vor, dass wir uns auf das vorherrschende technokratische Paradigma konzentrieren und auf die Stellung des Menschen und seines Handelns in der Welt.

I. DIE TECHNOLOGIE: KREATIVITÄT UND MACHT

102. Die Menschheit ist in eine neue Ära eingetreten, in der uns die Macht der Technologie vor einen Scheideweg stellt. Wir sind die Erben von zwei Jahrhunderten enormer Veränderungswellen: die Dampfmaschine, die Eisenbahn, der Telegraf, die Elektrizität, das Automobil, das Flugzeug, die chemischen Industrien, die moderne Medizin, die Informatik und jüngst die digitale Revolution, die Robotertechnik, die Biotechnologien und die Nanotechnologien. Es ist recht, sich über diese Fortschritte zu freuen und angesichts der

umfangreichen Möglichkeiten, die uns diese stetigen Neuerungen eröffnen, in Begeisterung zu geraten, da „Wissenschaft und Technologie ein großartiges Produkt gottgeschenkter Kreativität“[81] sind. Die Umgestaltung der Natur zu Nützlichkeitszwecken ist für die Menschheit seit ihren Anfängen charakteristisch, und daher ist die Technik „Ausdruck der Spannung des menschlichen Geistes auf die schrittweise Überwindung gewisser materieller Bedingtheiten hin“.[82] Die Technologie hat unzähligen Übeln, die dem Menschen schadeten und ihn einschränkten, Abhilfe geschaffen. Wir können den technischen Fortschritt nur schätzen und dafür danken, vor allem in der Medizin, in der Ingenieurwissenschaft und im Kommunikationswesen. Und wie sollte man nicht die Bemühungen vieler Wissenschaftler und Techniker anerkennen, die Alternativen für eine nachhaltige Entwicklung beigesteuert haben?

103. Die gut ausgerichtete *Technoscience* kann nicht nur wirklich wertvolle Dinge produzieren, um die Lebensqualität des Menschen zu verbessern, von Gebrauchsgegenständen im Haushalt bis zu wichtigen Verkehrsmitteln, Brücken, Gebäuden, öffentlichen Orten. Sie ist ebenso in der Lage, das Schöne hervorzubringen und den in die materielle Welt eingetauchten Menschen in die Sphäre der Schönheit „springen“ zu lassen. Kann man denn die Schönheit eines Flugzeuges oder mancher Wolkenkratzer leugnen? Es gibt wunderschöne Werke der Malerei und der Musik, die durch die Verwendung neuer technischer Mittel erzielt wurden. So vollzieht sich bei der Suche des technischen Erzeugers nach Schönheit und im

Betrachter dieser Schönheit ein Sprung in eine gewisse echt menschliche Fülle.

104. Wir können aber nicht unbeachtet lassen, dass die Nuklearenergie, die Biotechnologie, die Informatik, die Kenntnis unserer eigenen DNA und andere Fähigkeiten, die wir erworben haben, uns eine gewaltige Macht verleihen. Besser gesagt, sie geben denen, welche die Kenntnis und vor allem die wirtschaftliche Macht besitzen, sie einzusetzen, eine beeindruckende Gewalt über die gesamte Menschheit und die ganze Welt. Nie hatte die Menschheit so viel Macht über sich selbst, und nichts kann garantieren, dass sie diese gut gebrauchen wird, vor allem wenn man bedenkt, in welcher Weise sie sich gerade jetzt ihrer bedient. Es genügt, an die Atombomben zu erinnern, die mitten im 20. Jahrhundert abgeworfen wurden, sowie an den großen technologischen Aufwand, den der Nationalsozialismus, der Kommunismus und andere totalitäre Regime zur Vernichtung von Millionen von Menschen betrieben haben – ohne hierbei zu vergessen, dass heute der Krieg über immer perfektere todbringende Mittel verfügt. In welchen Händen liegt so viel Macht, und in welche Hände kann sie gelangen? Es ist überaus gefährlich, dass sie bei einem kleinen Teil der Menschheit liegt.

105. Man neigt zu der Ansicht, „jede Zunahme an Macht sei einfachhin »Fortschritt«; Erhöhung von Sicherheit, Nutzen, Wohlfahrt, Lebenskraft, Wertsättigung“[83], als gingen die Wirklichkeit, das Gute und die Wahrheit spontan aus der technologischen und wirtschaftlichen Macht selbst hervor. Tatsache ist, dass

„der moderne Mensch nicht zum richtigen Gebrauch der Macht erzogen wird“[84], denn das enorme technologische Wachstum ging nicht mit einer Entwicklung des Menschen in Verantwortlichkeit, Werten und Gewissen einher. Jede Zeit neigt dazu, eine dürftige Selbsterkenntnis in Bezug auf die eigenen Grenzen zu entwickeln. Aus diesem Grund ist es möglich, dass die Menschheit heute nicht den Ernst der Herausforderungen, die sich ihr stellen, wahrnimmt. „Die Möglichkeit, der Mensch werde die Macht falsch gebrauchen, [wächst] beständig“, wenn „keine Freiheitsnormen, sondern nur angebliche Notwendigkeiten des Nutzens und der Sicherheit bestehen“[85]. Der Mensch ist nicht völlig autonom. Seine Freiheit wird krank, wenn sie sich den blinden Kräften des Unbewussten, der unmittelbaren Bedürfnisse, des Egoismus und der Gewalt überlässt. In diesem Sinne ist er seiner eigenen Macht, die weiter wächst, ungeschützt ausgesetzt, ohne die Mittel zu haben, sie zu kontrollieren. Er mag über oberflächliche Mechanismen verfügen, doch wir können feststellen, dass er heute keine solide Ethik, keine Kultur und Spiritualität besitzt, die ihm wirklich Grenzen setzen und ihn in einer klaren Selbstbeschränkung zügeln.

II. DIE GLOBALISIERUNG DES TECHNOKRATISCHEN PARADIGMAS

106. Das Grundproblem ist ein anderes, noch tieferes, nämlich die Art und Weise, wie die Menschheit tatsächlich die Technologie und ihre Entwicklung *zu-*

sammen mit einem homogenen und eindimensionalen Paradigma angenommen hat. Nach diesem Paradigma tritt eine Auffassung des Subjekts hervor, das im Verlauf des logisch-rationalen Prozesses das außen liegende Objekt allmählich umfasst und es so besitzt. Dieses Subjekt entfaltet sich, indem es die wissenschaftliche Methode mit ihren Versuchen aufstellt, die schon explizit eine Technik des Besitzens, des Beherrschens und des Umgestaltens ist. Es ist, als ob das Subjekt sich dem Formlosen gegenüber befände, das seiner Manipulation völlig zur Verfügung steht. Es kam schon immer vor, dass der Mensch in die Natur eingegriffen hat. Aber für lange Zeit lag das Merkmal darin, zu begleiten, sich den von den Dingen selbst angebotenen Möglichkeiten zu fügen. Es ging darum, zu empfangen, was die Wirklichkeit der Natur von sich aus anbietet, gleichsam die Hand reichend. Jetzt hingegen ist das Interesse darauf ausgerichtet, alles, was irgend möglich ist, aus den Dingen zu gewinnen durch den Eingriff des Menschen, der dazu neigt, die Wirklichkeit dessen, was er vor sich hat, zu ignorieren oder zu vergessen. Deswegen haben der Mensch und die Dinge aufgehört, sich freundschaftlich die Hand zu reichen, und sind dazu übergegangen, feindselig einander gegenüber zu stehen. Von da aus gelangt man leicht zur Idee eines unendlichen und grenzenlosen Wachstums, das die Ökonomen, Finanzexperten und Technologen so sehr begeisterte. Dieses Wachstum setzt aber die Lüge bezüglich der unbegrenzten Verfügbarkeit der Güter des Planeten voraus, die dazu führt, ihn bis zur Grenze und darüber hinaus „auszupressen“. Es handelt sich um die irrige Annahme, „dass man über eine unbegrenzte Menge von Energie und Ressourcen verfügen könne, dass diese sofort erneuerbar und dass die negativen Auswirkungen der Manipulationen der natürlichen Ordnung problemlos zu beheben seien".[86]

107. Wir können daher sagen, dass am Beginn vieler Schwierigkeiten der gegenwärtigen Welt vor allem die – nicht immer bewusste – Neigung steht, die Methodologie und die Zielsetzungen der Techno-Wissenschaft in ein Verständnismuster zu fassen, welches das Leben der Menschen und das Funktionieren der Gesellschaft bedingt. Die Auswirkungen der Anwendung dieses Modells auf die gesamte menschliche und soziale Wirklichkeit können in der Umweltschädigung festgestellt werden, die allerdings nur ein Zeichen des Reduktionismus ist, der das Leben des Menschen und die Gesellschaft in allen ihren Dimensionen in Mitleidenschaft zieht. Man muss anerkennen, dass die von der Technik erzeugten Produkte nicht neutral sind, denn sie schaffen ein Netz, das schließlich die Lebensstile konditioniert, und lenken die sozialen Möglichkeiten in die Richtung der Interessen bestimmter Machtgruppen. Gewisse Entscheidungen, die rein sachbezogen erscheinen, sind in Wirklichkeit Entscheidungen im Hinblick auf die Fortentwicklung des sozialen Lebens.

108. Es ist nicht an die Möglichkeit zu denken, ein anderes kulturelles Paradigma zu vertreten und sich der Technik als eines bloßen Instruments zu bedienen. Das technokratische Paradigma ist nämlich heute so dominant geworden, dass es sehr schwierig ist, auf seine Mittel zu verzichten, und noch schwie-

riger, sie zu gebrauchen, ohne von ihrer Logik beherrscht zu werden. Es ist „kulturwidrig“ geworden, wieder einen Lebensstil mit Zielen zu wählen, die zumindest teilweise von der Technik, von ihren Kosten und ihrer globalisierenden und vermassenden Macht unabhängig sein können. In der Tat neigt die Technik dazu, zu versuchen, dass nichts außerhalb ihrer harten Logik bleibt, und „der Mensch, der sie trägt, weiß, dass es in der Technik letztlich weder um Nutzen noch um Wohlfahrt geht, sondern um Herrschaft; um eine Herrschaft im äußersten Sinn des Wortes“.[87] „Er greift“ daher „nach den Elementen der Natur, wie nach denen des Menschendaseins.“[88] Die Entscheidungsfähigkeit, die ganz authentische Freiheit und der Raum für die eigenständige Kreativität der Einzelnen nehmen ab.

109. Das technokratische Paradigma tendiert auch dazu, die Wirtschaft und die Politik zu beherrschen. Die Wirtschaft nimmt jede technologische Entwicklung im Hinblick auf den Ertrag an, ohne auf mögliche negative Auswirkungen für den Menschen zu achten. Die Finanzen ersticken die Realwirtschaft. Man hat die Lektionen der weltweiten Finanzkrise nicht gelernt, und nur sehr langsam lernt man die Lektionen der Umweltschädigung. In manchen Kreisen meint man, dass die jetzige Wirtschaft und die Technologie alle Umweltprobleme lösen werden, ebenso wie man in nicht akademischer Ausdrucksweise behauptet, dass die Probleme des Hungers und das Elend in der Welt sich einfach mit dem Wachstum des Marktes lösen werden. Es handelt sich nicht um eine Frage von Wirtschaftstheorien, die vielleicht

heute keiner zu verteidigen wagt, sondern um deren Einbindung in die tatsächliche Entwicklung der Wirtschaft. Auch wer sie zwar nicht in Worte fasst, unterstützt sie aber doch mit seinen Taten, wenn ein rechtes Ausmaß der Produktion, eine bessere Verteilung des Reichtums, ein verantwortungsvoller Umgang mit der Natur oder die Rechte der zukünftigen Generationen ihn nicht zu kümmern scheinen. Mit seinem Verhalten bringt er zum Ausdruck, dass für ihn das Ziel der Gewinnmaximierung ausreicht. Der Markt von sich aus gewährleistet aber nicht die ganzheitliche Entwicklung des Menschen und die soziale Inklusion.[89] Unterdessen verzeichnen wir „eine Art verschwenderische und konsumorientierte Überentwicklung, die in unannehmbarem Kontrast zu anhaltenden Situationen entmenschlichenden Elends steht“[90], und es werden nicht schnell genug wirtschaftliche Einrichtungen und soziale Programme erarbeitet, die den Ärmsten einen regulären Zugang zu den Grundressourcen ermöglichen. Man wird nie genug darauf hinweisen können, welches die tiefsten Wurzeln des gegenwärtigen Ungleichgewichts sind, die mit der Ausrichtung, den Zielen, dem Sinn und dem sozialen Kontext des technologischen und wirtschaftlichen Wachstums zu tun haben.

110. Die der Technologie eigene Spezialisierung bringt eine große Schwierigkeit mit sich, das Ganze in den Blick zu nehmen. Die Aufsplitterung des Wissens erfüllt ihre Funktion, wenn sie konkrete Anwendungen erzielt, führt aber gewöhnlich dazu, den Sinn für die Gesamtheit, für die zwischen den Dingen bestehenden Beziehungen, für den weiten Horizont

zu verlieren, der irrelevant wird. Genau dies hindert daran, passende Wege zu finden, um die komplexeren Probleme der gegenwärtigen Welt – vor allem die, welche die Umwelt und die Armen betreffen – zu lösen, die man nicht von einem einzigen Gesichtspunkt oder von einer einzigen Art des Interesses aus angehen kann. Eine Wissenschaft, die angeblich Lösungen für die großen Belange anbietet, müsste notwendigerweise alles aufgreifen, was die Erkenntnis in anderen Wissensbereichen hervorgebracht hat, einschließlich der Philosophie und der Sozialethik. Das ist aber eine Leistung, die heutzutage nur schwer erbracht werden kann. Deshalb kann man auch keine wirklichen ethischen Horizonte erkennen, auf die man sich beziehen könnte. Das Leben geht dahin, sich den Umständen zu überlassen, die von der Technik geprägt werden, die ihrerseits als die wesentliche Quelle zur Deutung der Existenz verstanden wird. In der konkreten Wirklichkeit, die uns entgegentritt, werden verschiedene Symptome sichtbar, die den Irrtum aufzeigen – wie zum Beispiel die Umweltverschmutzung, die Angst und der Verlust des Lebens- und Gemeinschaftssinns. So zeigt sich einmal mehr: „Die Wirklichkeit steht über der Idee.“[91]

111. Die ökologische Kultur kann nicht reduziert werden auf eine Serie von dringenden Teilantworten auf die Probleme, die bezüglich der Umweltschäden, der Erschöpfung der natürlichen Ressourcen und der Verschmutzung auftreten. Es müsste einen anderen Blick geben, ein Denken, eine Politik, ein Erziehungsprogramm, einen Lebensstil und eine Spiritualität, die einen Widerstand gegen den Vormarsch

des technokratischen Paradigmas bilden. Andernfalls können auch die besten ökologischen Initiativen schließlich in derselben globalisierten Logik stecken bleiben. Einfach nur eine technische Lösung für jedes auftretende Umweltproblem zu suchen bedeutet, Dinge zu isolieren, die in der Wirklichkeit miteinander verknüpft sind, und die wahren und tiefsten Probleme des weltweiten Systems zu verbergen.

112. Es ist jedoch möglich, den Blick wieder zu weiten. Die menschliche Freiheit ist in der Lage, die Technik zu beschränken, sie zu lenken und in den Dienst einer anderen Art des Fortschritts zu stellen, der gesünder, menschlicher, sozialer und ganzheitlicher ist. Die Befreiung vom herrschenden technokratischen Paradigma geschieht tatsächlich in manchen Situationen, zum Beispiel wenn Gemeinschaften von Kleinproduzenten sich für weniger verschmutzende Produktionssysteme entscheiden und dabei ein Modell des Lebens, des Wohlbefindens und des nicht konsumorientierten Miteinanders vertreten; oder wenn die Technik sich vorrangig darauf ausrichtet, die konkreten Probleme der anderen zu lösen, in dem Wunsch, ihnen zu helfen, in größerer Würde und in weniger Leid zu leben; oder auch wenn der Wille, Schönes zu schaffen, und die Betrachtung des Schönen bewirken, dass die Macht, die das Gegenüber nur als Objekt wahrnimmt, überwunden wird in einer Art Erlösung, die sich im Schönen und in seinem Betrachter vollzieht. Die echte Menschlichkeit, die zu einer neuen Synthese einlädt, scheint inmitten der technologischen Zivilisation zu leben – gleichsam unmerklich, wie der Nebel, der unter der geschlossenen Tür

hindurchdringt. Wird sie trotz allem eine fortwährende Verheißung sein, die wie ein zäher Widerstand des Echten hervorsprießt?

113. Andererseits scheinen die Menschen nicht mehr an eine glückliche Zukunft zu glauben, sie vertrauen nicht blind auf ein besseres Morgen von der aktuellen Lage der Welt und den technischen Fähigkeiten her. Sie werden sich der Tatsache bewusst, dass der Fortschritt der Wissenschaft und der Technik nicht dem Fortschritt der Menschheit und der Geschichte entspricht, und ahnen, dass die grundlegenden Wege für eine glückliche Zukunft andere sind. Dennoch denkt man ebenso wenig daran, auf die Möglichkeiten, die die Technik bietet, zu verzichten. Die Menschheit hat sich tiefgreifend verändert, und die Fülle an ständigen Neuerungen heiligt eine Flüchtigkeit, die uns über die Oberfläche in eine einzige Richtung mitreißt. Es wird schwierig für uns, innezuhalten, um die Tiefe des Lebens wiederzugewinnen. Wenn die Architektur den Geist einer Epoche widerspiegelt, dann bringen die Megabauten und die serienmäßigen Häuser den Geist der globalisierten Technik zum Ausdruck, in dem sich die dauernde Neuheit der Produkte mit einer lastenden Langeweile verbindet. Wir wollen uns damit nicht abfinden und nicht darauf verzichten, uns über den Zweck und den Sinn von allem zu fragen. Andernfalls würden wir nur die herrschende Situation legitimieren und mehr Surrogate brauchen, um die Leere auszuhalten.

114. Was gerade vor sich geht, stellt uns vor die Dringlichkeit, in einer mutigen kulturellen Revoluti-

on voranzuschreiten. Wissenschaft und Technologie sind nicht neutral, sondern können vom Anfang bis zum Ende eines Prozesses verschiedene Absichten und Möglichkeiten enthalten und sich auf verschiedene Weise gestalten. Niemand verlangt, in die Zeit der Höhlenmenschen zurückzukehren, es ist aber unerlässlich, einen kleineren Gang einzulegen, um die Wirklichkeit auf andere Weise zu betrachten, die positiven und nachhaltigen Fortschritte zu sammeln und zugleich die Werte und die großen Ziele wiederzugewinnen, die durch einen hemmungslosen Größenwahn vernichtet wurden.

III. KRISE UND AUSWIRKUNGEN DES MODERNEN ANTHROPOZENTRISMUS

115. Der moderne Anthropozentrismus hat schließlich paradoxerweise die technische Vernunft über die Wirklichkeit gestellt, denn „dieser Mensch empfindet die Natur weder als gültige Norm, noch als lebendige Bergung. Er sieht sie voraussetzungslos, sachlich, als Raum und Stoff für ein Werk, in das alles hineingeworfen wird, gleichgültig, was damit geschieht.“[92] Auf diese Weise wird der Wert, den die Welt in sich selbst hat, gemindert. Wenn aber der Mensch seinen wahren Platz nicht wiederentdeckt, missversteht er sich selbst und widerspricht am Ende seiner eigenen Wirklichkeit. „Nicht allein die Erde ist von Gott dem Menschen gegeben worden, dass er von ihr unter Beachtung der ursprünglichen Zielsetzung des Gutes, das ihm geschenkt wurde,

Gebrauch machen soll. Sondern der Mensch ist sich selbst von Gott geschenkt worden; darum muss er die natürliche und moralische Struktur, mit der er ausgestattet wurde, respektieren."[93]

116. In der Moderne gab es eine große anthropozentrische Maßlosigkeit, die unter anderer Gestalt heute weiterhin jeden gemeinsamen Bezug und jeden Versuch, die sozialen Bande zu stärken, schädigt. Deswegen ist der Moment gekommen, der Wirklichkeit mit den Grenzen, die sie auferlegt und die ihrerseits die Möglichkeit zu einer gesünderen und fruchtbareren menschlichen und sozialen Entwicklung bilden, wieder Aufmerksamkeit zu schenken. Eine unangemessene Darstellung der christlichen Anthropologie konnte dazu führen, eine falsche Auffassung der Beziehung des Menschen zur Welt zu unterstützen. Häufig wurde ein prometheischer Traum der Herrschaft über die Welt vermittelt, der den Eindruck erweckte, dass die Sorge für die Natur eine Sache der Schwachen sei. Die rechte Weise, das Konzept des Menschen als „Herr" des Universums zu deuten, besteht hingegen darin, ihn als verantwortlichen Verwalter zu verstehen.[94]

117. Die mangelnde Sorge, den Schaden an der Natur und die ökologische Auswirkung der Entscheidungen abzuwägen, spiegelt nur sehr deutlich ein Desinteresse wider, die Botschaft zu erkennen, die der Natur in ihre eigenen Strukturen eingeschrieben ist. Wenn man schon in der eigenen Wirklichkeit den Wert eines Armen, eines menschlichen Embryos, einer Person mit Behinderung – um nur einige Beispiele

anzuführen – nicht erkennt, wird man schwerlich die Schreie der Natur selbst hören. Alles ist miteinander verbunden. Wenn sich der Mensch für unabhängig von der Wirklichkeit erklärt und als absoluter Herrscher auftritt, bricht seine Existenzgrundlage selbst zusammen, denn „statt seine Aufgabe als Mitarbeiter Gottes am Schöpfungswerk zu verwirklichen, setzt sich der Mensch an die Stelle Gottes und ruft dadurch schließlich die Auflehnung der Natur hervor“.[95]

118. Diese Situation führt uns in eine beständige Schizophrenie, die von der Verherrlichung der Technokratie, die den anderen Lebewesen keinen Eigenwert zuerkennt, bis zur Reaktion geht, dem Menschen jeglichen besonderen Wert abzusprechen. Man kann aber nicht von der Menschheit absehen. Es wird keine neue Beziehung zur Natur geben ohne einen neuen Menschen. Es gibt keine Ökologie ohne eine angemessene Anthropologie. Wenn der Mensch bloß für ein Wesen unter anderen gehalten wird, das aus einem Spiel des Zufalls oder einem Determinismus der Natur hervorgeht, dann „[droht] in den Gewissen der Menschen das Verantwortungsbewusstsein abzunehmen“.[96] Ein fehlgeleiteter Anthropozentrismus darf nicht notwendigerweise einem „Biozentrismus“ den Vortritt lassen, denn dies würde bedeuten, ein neues Missverhältnis einzubringen, das nicht nur die Probleme nicht lösen, sondern auch andere hinzufügen würde. Man kann vom Menschen nicht einen respektvollen Einsatz gegenüber der Welt verlangen, wenn man nicht zugleich seine besonderen Fähigkeiten der Erkenntnis, des Willens, der Freiheit und der Verantwortlichkeit anerkennt und zur Geltung bringt.

119. Die Kritik am fehlgeleiteten Anthropozentrismus sollte ebenso wenig die Bedeutung der zwischenmenschlichen Beziehungen in den Hintergrund rücken. Wenn die ökologische Krise ein Aufbrechen oder ein Sichtbarwerden der ethischen, kulturellen und spirituellen Krise der Moderne bedeutet, können wir nicht beanspruchen, unsere Beziehung zur Natur und zur Umwelt zu heilen, ohne alle grundlegenden Beziehungen des Menschen zu heilen. Wenn das christliche Denken einen besonderen Wert für den Menschen gegenüber den anderen Geschöpfen einfordert, gibt es Anlass zur Wertschätzung jeder menschlichen Person und fördert so die Anerkennung des anderen. Die Offenheit auf ein „Du" hin mit der Fähigkeit, zu erkennen, zu lieben und miteinander zu sprechen, ist weiterhin der große Adel des Menschen. Deshalb ist es nicht nötig, für eine angemessene Beziehung zur Schöpfung die soziale Dimension des Menschen abzuschwächen und ebenso wenig seine transzendente Dimension, seine Offenheit auf das göttliche „Du" hin. Denn man kann nicht eine Beziehung zur Umwelt geltend machen, die von den Beziehungen zu den anderen Menschen und zu Gott isoliert ist. Es wäre ein als ökologische Schönheit getarnter romantischer Individualismus und ein stickiges Eingeschlossensein in der Immanenz.

120. Da alles in Beziehung steht, ist die Verteidigung der Natur auch nicht mit der Rechtfertigung der Abtreibung vereinbar. Ein erzieherischer Weg, die Schwachen anzunehmen, die uns umgeben und die uns manchmal lästig oder ungelegen sind, scheint nicht machbar, wenn man nicht einen menschlichen

Embryo schützt, selbst wenn seine Geburt Grund für Unannehmlichkeiten und Schwierigkeiten sein sollte: „Wenn der persönliche und gesellschaftliche Sinn für die Annahme eines neuen Lebens verloren geht, verdorren auch andere, für das gesellschaftliche Leben hilfreiche Formen der Annahme.“[97]

121. Es steht die Entwicklung einer neuen Synthese aus, welche die falschen Dialektiken der letzten Jahrhunderte überwindet. Das Christentum selbst denkt in Treue zu seiner Identität und zum Schatz der Wahrheit, den es von Jesus Christus empfangen hat, stets neu über sich nach und bringt sich immer wieder im Dialog mit den neuen geschichtlichen Gegebenheiten zum Ausdruck. So lässt es seine ewige Neuheit erblühen.[98]

Der praktische Relativismus

122. Ein fehlgeleiteter Anthropozentrismus gibt Anlass zu einem fehlgeleiteten Lebensstil. Im Apostolischen Schreiben *Evangelii gaudium* habe ich auf den praktischen Relativismus Bezug genommen, der unsere Zeit kennzeichnet und „der noch gefährlicher ist als der, welcher die Lehre betrifft“.[99] Wenn der Mensch sich selbst ins Zentrum stellt, gibt er am Ende seinen durch die Umstände bedingten Vorteilen absoluten Vorrang, und alles Übrige wird relativ. Daher dürfte es nicht verwundern, dass sich mit der Allgegenwart des technokratischen Paradigmas und der Verherrlichung der grenzenlosen menschlichen Macht in den Menschen dieser Relativismus entwickelt, bei dem alles irrelevant wird, wenn es nicht den unmittelbaren eigenen Interessen dient. Darin

liegt eine Logik, die uns verstehen lässt, wie sich verschiedene Haltungen gegenseitig bekräftigen, die zugleich die Schädigung der Umwelt und die der Gesellschaft verursachen.

123. Die Kultur des Relativismus ist die gleiche Krankheit, die einen Menschen dazu treibt, einen anderen auszunutzen und ihn als ein bloßes Objekt zu behandeln, indem er ihn zu Zwangsarbeit nötigt oder wegen Schulden zu einem Sklaven macht. Es ist die gleiche Denkweise, die dazu führt, Kinder sexuell auszubeuten oder alte Menschen, die den eigenen Interessen nicht dienen, sich selbst zu überlassen. Es ist auch die innere Logik dessen, der sagt: Lassen wir die unsichtbare Hand des Marktes die Wirtschaft regulieren, da ihre Auswirkungen auf die Gesellschaft und auf die Natur ein unvermeidbarer Schaden sind. Wenn es weder objektive Wahrheiten noch feste Grundsätze gibt außer der Befriedigung der eigenen Pläne und der eigenen unmittelbaren Bedürfnisse – welche Grenzen können dann der Menschenhandel, die organisierte Kriminalität, der Rauschgifthandel, der Handel mit Blutdiamanten und Fellen von Tieren, die vom Aussterben bedroht sind, haben? Ist es nicht dieselbe relativistische Denkweise, die den Erwerb von Organen von Armen rechtfertigt, um sie zu verkaufen oder für Versuche zu verwenden, oder das „Wegwerfen" von Kindern, weil sie nicht den Wünschen ihrer Eltern entsprechen? Es handelt sich um die gleiche Logik des „Einweggebrauchs", der so viele Abfälle produziert, nur wegen des ungezügelten Wunsches, mehr zu konsumieren, als man tatsächlich braucht. Da können wir nicht meinen, dass die

politischen Pläne oder die Kraft des Gesetzes ausreichen werden, um Verhaltensweisen zu vermeiden, die die Umwelt in Mitleidenschaft ziehen. Denn wenn die Kultur verfällt und man keine objektive Wahrheit oder keine allgemein gültigen Prinzipien mehr anerkennt, werden die Gesetze nur als willkürlicher Zwang und als Hindernisse angesehen, die es zu umgehen gilt.

Die Notwendigkeit, die Arbeit zu schützen

124. Bei jedem Ansatz zu einer ganzheitlichen Ökologie, die den Menschen nicht ausschließen darf, ist es unerlässlich, den Wert der Arbeit einzubeziehen, der vom heiligen Johannes Paul II. in seiner Enzyklika *Laborem exercens* sehr klug dargelegt wurde. Erinnern wir uns, dass nach dem biblischen Schöpfungsbericht Gott den Menschen in den gerade erschaffenen Garten setzte (vgl. *Gen* 2,15), nicht nur um das Vorhandene zu bewahren (hüten), sondern um es so zu bearbeiten, dass es Frucht bringe (bebauen). Auf diese Weise unterstützen die Arbeiter und Handwerker die ewige Schöpfung (vgl. *Sir* 38,34 LXX). In der Tat ist das Eingreifen des Menschen, das für die vernünftige Entwicklung der Schöpfung sorgt, die angemessene Form, sie zu hüten. Dies schließt nämlich mit ein, als Werkzeug Gottes seinen Platz einzunehmen, um zu helfen, dass sich die Möglichkeiten, die Gott selbst in die Dinge hineingelegt hat, entfalten: „Gott bringt aus der Erde Heilmittel hervor, der Einsichtige verschmähe sie nicht“ (*Sir* 38,4).

125. Wenn wir darüber nachdenken wollen, welches die angemessenen Beziehungen des Menschen zu

der ihn umgebenden Welt sind, dann ergibt sich die Notwendigkeit, eine richtige Auffassung von der Arbeit zu haben. Denn wenn wir von der Beziehung des Menschen zu den Dingen sprechen, taucht die Frage nach dem Sinn und Zweck des menschlichen Handelns an der Wirklichkeit auf. Wir sprechen nicht nur von der manuellen Arbeit oder der Arbeit mit der Erde, sondern über jede Tätigkeit, die irgendeine Veränderung des Vorhandenen mit sich bringt, von der Erstellung eines sozialen Gutachtens bis zur Planung einer technologischen Entwicklung. Jede Form von Arbeit setzt eine Vorstellung über die Beziehung voraus, die der Mensch mit dem anderen aufnehmen kann und muss. Die christliche Spiritualität hat zusammen mit dem betrachtenden Staunen über die Geschöpfe, wie wir es beim heiligen Franziskus von Assisi finden, auch ein tiefes gesundes Verständnis der Arbeit entwickelt, wie wir es zum Beispiel im Leben des seligen Charles de Foucauld und seiner Jünger antreffen können.

126. Auch aus der langen monastischen Tradition können wir etwas aufnehmen. Anfangs begünstigte sie in gewisser Weise die Weltflucht mit der Absicht, der städtischen Dekadenz zu entfliehen. Daher suchten die Mönche die Wüste, weil sie überzeugt waren, dass dies der angemessene Ort sei, Gottes Gegenwart zu erkennen. Später empfahl der heilige Benedikt von Nursia, dass seine Mönche in Gemeinschaften wohnen und dabei das Gebet und das Studium mit der manuellen Arbeit verbinden sollten („*ora et labora*“). Diese Einführung der manuellen Arbeit, die von geistlichem Sinn erfüllt ist, erwies sich als revo-

lutionär. Man lernte, die Reife und Heiligung in der wechselseitigen Durchdringung von Sammlung und Arbeit zu suchen. Diese Art und Weise, die Arbeit zu leben, macht uns behutsamer und respektvoller gegenüber der Umwelt und erfüllt unsere Beziehung zur Welt mit einer gesunden Nüchternheit.

127. Wir sagen, dass „der Mensch Urheber, Mittelpunkt und Ziel allen wirtschaftlichen und sozialen Lebens“[100] ist. Wenn jedoch im Menschen die Fähigkeit zu betrachten und zu achten beeinträchtigt wird, entstehen die Voraussetzungen dafür, dass der Sinn der Arbeit entstellt wird.[101] Es ist nützlich, immer daran zu erinnern, dass der Mensch „fähig“ ist, „in eigener Verantwortung sein materielles Wohl, seinen sittlichen Fortschritt, seine geistige Entfaltung in die Hand zu nehmen“.[102] Die Arbeit sollte der Bereich dieser vielseitigen persönlichen Entfaltung sein, wo viele Dimensionen des Lebens ins Spiel kommen: die Kreativität, die Planung der Zukunft, die Entwicklung der Fähigkeiten, die Ausübung der Werte, die Kommunikation mit den anderen, eine Haltung der Anbetung. In der weltweiten sozialen Wirklichkeit von heute ist es daher über die begrenzten Interessen der Unternehmen und einer fragwürdigen wirtschaftlichen Rationalität hinaus notwendig, „dass *als Priorität weiterhin das Ziel verfolgt* wird, *allen Zugang zur Arbeit zu verschaffen*“.[103]

128. Seit unserer Erschaffung sind wir zur Arbeit berufen. Man darf nicht danach trachten, dass der technologische Fortschritt immer mehr die menschliche Arbeit verdränge, womit die Menschheit sich selbst

schädigen würde. Die Arbeit ist eine Notwendigkeit, sie ist Teil des Sinns des Lebens auf dieser Erde, Weg der Reifung, der menschlichen Entwicklung und der persönlichen Verwirklichung. Den Armen mit Geld zu helfen muss in diesem Sinn immer eine provisorische Lösung sein, um den Dringlichkeiten abzuhelfen. Das große Ziel muss immer sein, ihnen mittels Arbeit ein würdiges Leben zu ermöglichen. Die Ausrichtung der Wirtschaft hat jedoch eine Art technologischen Fortschritts begünstigt, die darauf abzielt, die Produktionskosten infolge der Verringerung der Arbeitsplätze, die durch Maschinen ersetzt werden, zu senken. Es ist eine weitere Weise, wie das Handeln des Menschen sich gegen ihn selbst wenden kann. Die Reduzierung der Arbeitsplätze wirkt sich „auch auf wirtschaftlicher Ebene [...] negativ aus: durch fortschreitende Abtragung des »Gesellschaftskapitals« bzw. durch Untergrabung jener Gesamtheit von Beziehungen, die auf Vertrauen, Zuverlässigkeit und Einhaltung der Regeln gründen und die unverzichtbar sind für jedes bürgerliche Zusammenleben".[104] Schließlich: „*Der menschliche Preis ist immer auch ein wirtschaftlicher Preis*, und die wirtschaftlichen Missstände fordern immer auch einen menschlichen Preis."[105] Aufzuhören, in die Menschen zu investieren, um einen größeren Sofortertrag zu erzielen, ist ein schlechtes Geschäft für die Gesellschaft.

129. Damit es weiterhin möglich ist, Arbeitsplätze anzubieten, ist es dringend, eine Wirtschaft zu fördern, welche die Produktionsvielfalt und die Unternehmerkreativität begünstigt. Es gibt zum Beispiel eine große Mannigfaltigkeit an kleinbäuerlichen

Systemen für die Erzeugung von Lebensmitteln, die weiterhin den Großteil der Weltbevölkerung ernährt, während sie einen verhältnismäßig niedrigen Anteil des Bodens und des Wassers braucht und weniger Abfälle produziert, sei es auf kleinen landwirtschaftlichen Flächen oder in Gärten, sei es durch Jagd, Sammeln von Waldprodukten oder kleingewerbliche Fischerei. Die Größenvorteile, besonders im Agrarsektor, führen schließlich dazu, dass die kleinen Landwirte gezwungen sind, ihr Land zu verkaufen oder ihre herkömmlichen Produktionsweisen aufzugeben. Die Versuche einiger von ihnen, auf andere diversifiziertere Produktionsformen überzugehen, stellen sich am Ende als nutzlos heraus aufgrund der Schwierigkeit, mit den regionalen oder globalen Märkten in Verbindung zu kommen, oder weil die Infrastruktur für Verkauf und Transport den großen Unternehmen zur Verfügung steht. Die Verantwortungsträger haben das Recht und die Pflicht, Maßnahmen zu ergreifen, um die Kleinproduzenten und die Produktionsvielfalt klar und nachdrücklich zu unterstützen. Damit es eine wirtschaftliche Freiheit gibt, von der alle effektiv profitieren, kann es manchmal notwenig sein, denen Grenzen zu setzen, die größere Ressourcen und finanzielle Macht besitzen. Eine rein theoretische wirtschaftliche Freiheit, bei der aber die *realen* Bedingungen verhindern, dass viele sie wirklich erlangen können, und bei der sich der Zugang zur Arbeit verschlechtert, wird für die Politik zu einem widersprüchlichen Thema, das ihr nicht zur Ehre gereicht. Die Unternehmertätigkeit, die eine edle Berufung darstellt und darauf ausgerichtet ist, Wohlstand zu erzeugen und die Welt für alle zu verbessern, kann eine sehr fruchtbringende Art und Weise sein, die Region zu fördern, in der sie ihre Betriebe errichtet, vor allem wenn sie versteht, dass die Schaffung von Arbeitsplätzen ein unausweichlicher Teil ihres Dienstes am Gemeinwohl ist.

Die von der Forschung ausgehende biologische Innovation

130. In der philosophischen und theologischen Sicht der Schöpfung, die ich darzulegen versucht habe, wird klar, dass die menschliche Person mit der Besonderheit ihrer Vernunft und ihrer Wissenschaft nicht ein äußerer Faktor ist, der völlig ausgeschlossen werden darf. Obschon der Mensch in die Pflanzen- und Tierwelt eingreifen und sich ihrer bedienen kann, wenn es für sein Leben notwendig ist, lehrt der *Katechismus*, dass Tierversuche nur dann legitim sind, „wenn sie in vernünftigen Grenzen bleiben und dazu beitragen, menschliches Leben zu heilen und zu retten".[106] Er erinnert mit Nachdruck daran, dass die menschliche Macht Grenzen hat: „Es widerspricht der Würde des Menschen, Tiere nutzlos leiden zu lassen und zu töten."[107] Jede Nutzung und jedes Experiment „verlangt Ehrfurcht vor der Unversehrtheit der Schöpfung".[108]

131. Hier möchte ich die ausgeglichene Position des heiligen Johannes Paul II. ergreifen. Er hob die Vorteile der wissenschaftlichen und technologischen Fortschritte hervor, die „zeigen [...], wie edel die Berufung des Menschen ist, verantwortlich am schöpferischen Wirken Gottes [...] teilzunehmen", erinnerte jedoch zugleich daran, „wie kein Eingriff

in einen Bereich des Ökosystems davon absehen kann, seine Folgen in anderen Bereichen [...] mit zu bedenken".[109] Er erklärte, dass die Kirche den Beitrag schätze, „der sich aus dem Studium und der Anwendung der Molekularbiologie ergibt [...], die durch andere Disziplinen wie die Genetik und ihre technologische Anwendung in der Landwirtschaft und Industrie [...] ergänzt wird",[110] sagte aber auch, dass dies nicht einer „undifferenzierte[n] genetische[n] Manipulation"[111] Raum geben darf, welche die negativen Auswirkungen dieser Eingriffe leugnet. Es ist nicht möglich, die menschliche Kreativität zurückzuhalten. Wenn man einem Künstler nicht verbieten kann, seine kreative Fähigkeit zu entfalten, so kann man ebenso wenig diejenigen hindern, die besondere Gaben für die wissenschaftliche und technologische Entwicklung besitzen und deren Fähigkeiten von Gott zum Dienst an den anderen geschenkt worden sind. Gleichzeitig kommt man nicht umhin, die Zielsetzungen, die Auswirkungen, den Kontext und die ethischen Grenzen dieser menschlichen Tätigkeit, die eine Form von Macht mit hohen Risiken darstellt, noch einmal zu überdenken.

132. In diesem Rahmen sollte jede Überlegung in Bezug auf das menschliche Eingreifen in die Pflanzen- und Tierwelt – der heute von der Biotechnologie erzeugte genetische Veränderungen mit einschließt – stattfinden, um die Möglichkeiten zu nutzen, die in der materiellen Wirklichkeit vorhanden sind. Der Respekt des Glaubens gegenüber der Vernunft impliziert, all dem Aufmerksamkeit zu schenken, was die unabhängig gegenüber wirtschaftlichen Interes-

sen entwickelte biologische Wissenschaft selbst im Hinblick auf die biologischen Strukturen und deren Möglichkeiten und Veränderungen lehren kann. Auf jeden Fall ist jenes Eingreifen legitim, das auf die Natur einwirkt, „um ihr bei der Entfaltung ihrer selbst behilflich zu sein, ihrer selbst als einem von Gott gewollten Geschöpf".[112]

133. Es ist schwierig, ein allgemeines Urteil über die Entwicklungen von gentechnisch veränderten Pflanzen oder Tieren (GMO) im Bereich der Medizin oder der Weide- und Landwirtschaft zu fällen, da sie untereinander sehr verschieden sein können und unterschiedliche Betrachtungen erfordern. Andererseits beziehen sich die Risiken nicht immer auf die Technik selbst, sondern auf ihre unangemessene oder exzessive Anwendung. In der Tat wurden und werden die genetischen Veränderungen oft von der Natur selbst hervorgebracht. Nicht einmal die durch menschliches Eingreifen verursachten sind ein modernes Phänomen. Die Domestizierung von Tieren, die Kreuzung von Arten und andere alte und allgemein anerkannte Praktiken können in diese Betrachtungen eingeschlossen werden. Man mag daran erinnern, dass am Beginn der wissenschaftlichen Entwicklungen von gentechnisch verändertem Getreide die Beobachtung eines Bakteriums stand, das auf natürliche Weise und von selbst eine Veränderung im Genom einer Pflanze hervorbrachte. In der Natur aber verlaufen diese Prozesse in einem langsamen Rhythmus, der nicht vergleichbar ist mit der Geschwindigkeit, die von den aktuellen technologischen Fortschritten auferlegt wird, auch wenn die-

se auf einer jahrhundertelangen wissenschaftlichen Entwicklung basieren.

134. Obgleich wir nicht über handfeste Beweise verfügen hinsichtlich des Schadens, den gentechnisch veränderte Getreidesorten an den Menschen verursachen können – und in einigen Regionen hat ihre Verwendung ein wirtschaftliches Wachstum hervorgerufen, das die Probleme zu lösen half –, gibt es bedeutende Schwierigkeiten, die nicht relativiert werden dürfen. An vielen Orten ist nach der Einführung dieses Anbaus festzustellen, dass der fruchtbare Boden in den Händen einiger weniger konzentriert ist, bedingt durch das „allmähliche Verschwinden der kleinen Produzenten, die sich infolge des Verlustes des bewirtschafteten Bodens gezwungen sahen, sich aus der direkten Produktion zurückzuziehen".[113] Die Schwächsten werden zu Arbeitern im Prekariat, und viele Landarbeiter ziehen schließlich in elende Siedlungen in den Städten. Die Ausdehnung der Reichweite dieses Anbaus zerstört das komplexe Netz der Ökosysteme, vermindert die Produktionsvielfalt und beeinträchtigt die Gegenwart und die Zukunft der jeweiligen regionalen Wirtschaft. In verschiedenen Ländern ist eine Tendenz zur Bildung von Oligopolen in der Produktion von Getreide und anderen für seinen Anbau notwendigen Produkten festzustellen. Die Abhängigkeit verschärft sich, wenn man an die Produktion von sterilem Getreide denkt, was am Ende die Bauern dazu zwingt, Getreide bei den Produktionsunternehmen zu kaufen.

135. Ohne Zweifel ist eine ständige Aufmerksamkeit nötig, die alle implizierten ethischen Aspekte berücksichtigen lässt. Aus diesem Grund muss eine verantwortungsbewusste und breite wissenschaftliche und gesellschaftliche Debatte gewährleistet werden, die in der Lage ist, alle verfügbaren Informationen in Betracht zu ziehen und die Dinge beim Namen zu nennen. Mitunter wird nicht die gesamte Information auf den Tisch gelegt, sondern den eigenen Interessen entsprechend – seien sie politischer, wirtschaftlicher oder ideologischer Natur – selektioniert. Dies macht es schwierig, ein ausgewogenes und kluges Urteil über die verschiedenen Fragen zu fällen, das alle Variablen im jeweiligen Zusammenhang berücksichtigt. Es braucht Raum für Diskussion, wo alle, die auf irgendeine Weise direkt oder indirekt betroffen sein mögen (Landwirte, Konsumenten, Verantwortungsträger, Wissenschaftler, Saatgutproduzenten, Menschen in unmittelbarer Nachbarschaft von pestizidbehandelten Feldern und andere), ihre Schwierigkeiten zum Ausdruck bringen oder Zugang zu breiten und zuverlässigen Informationen haben können, um Entscheidungen im Hinblick auf das gegenwärtige und zukünftige Gemeinwohl zu treffen. Es handelt sich um eine Umweltfrage komplexer Natur, für deren Behandlung ein Blick erforderlich ist, der all ihre Aspekte umfasst. Und dies würde zumindest eine größere Anstrengung verlangen, um verschiedene Wege unabhängiger und interdisziplinärer Untersuchung zu finanzieren, die neues Licht darauf werfen können.

136. Andererseits ist es besorgniserregend, dass einige ökologische Bewegungen, wenn sie die Unversehrtheit der Umwelt verteidigen und zu Recht gewisse Grenzen für die wissenschaftliche Forschung fordern, bisweilen dieselben Prinzipien nicht für das menschliche Leben anwenden. Für gewöhnlich wird das Überschreiten aller Grenzen gerechtfertigt, wenn mit lebenden menschlichen Embryonen Experimente durchgeführt werden. Man vergisst, dass der unveräußerliche Wert eines Menschen jenseits seiner Entwicklungsstufe liegt. Auf die gleiche Weise wird die Technik, wenn sie die großen ethischen Prinzipien verleugnet, schließlich jegliche Praxis für legitim halten. Wie wir in diesem Kapitel gesehen haben, wird eine von der Ethik abgekoppelte Technik schwerlich in der Lage sein, ihre Macht selbst zu beschränken.

VIERTES KAPITEL
EINE GANZHEITLICHE ÖKOLOGIE

137. Angesichts der Tatsache, dass alles eng aufeinander bezogen ist und dass die aktuellen Probleme eine Perspektive erfordern, die alle Aspekte der weltweiten Krise berücksichtigt, schlage ich vor, dass wir uns nun mit den verschiedenen Elementen einer *ganzheitlichen Ökologie* befassen, welche die menschliche und soziale Dimension klar mit einbezieht.

I. UMWELT-, WIRTSCHAFTS- UND SOZIALÖKOLOGIE

138. Die Ökologie untersucht die Beziehungen zwischen den lebenden Organismen und der Umwelt, in der sie sich entwickeln. Das erfordert auch darüber nachzudenken und zu diskutieren, was die Lebens- oder Überlebensbedingungen einer Gesellschaft sind, und dabei die Ehrlichkeit zu besitzen, Modelle der Entwicklung, der Produktion und des Konsums in Zweifel zu ziehen. Es ist nicht überflüssig zu betonen, dass alles miteinander verbunden ist. Die Zeit und der Raum sind nicht voneinander unabhängig, und nicht einmal die Atome und die Elementarteilchen können als voneinander getrennt betrachtet werden. Wie die verschiedenen physikalischen, chemischen und biologischen Bestandteile des Planeten untereinander in Beziehung stehen, so bilden auch die Arten der

Lebewesen ein Netz, das wir nie endgültig erkennen und verstehen. Einen guten Teil unserer genetischen Information haben wir mit vielen Lebewesen gemeinsam. Aus diesem Grund können die bruchstückhaften und isolierten Kenntnisse zu einer Art von Ignoranz werden, wenn sie sich nicht in eine umfassendere Sicht der Wirklichkeit einfügen lassen.

139. Wenn man von „Umwelt" spricht, weist man insbesondere auf die gegebene Beziehung zwischen der Natur und der Gesellschaft hin, die sie bewohnt. Das hindert uns daran, die Natur als etwas von uns Verschiedenes oder als einen schlichten Rahmen unseres Lebens zu verstehen. Wir sind in sie eingeschlossen, sind ein Teil von ihr und leben mit ihr in wechselseitiger Durchdringung. Um die Ursachen der Umweltschädigung eines Ortes zu finden, ist unter anderem eine Analyse der Funktionsweise der Gesellschaft, ihrer Wirtschaft, ihrer Verhaltensmuster und ihres Wirklichkeitsverständnisses erforderlich. Angesichts des Ausmaßes der Veränderungen ist es nicht mehr möglich, eine spezifische und unabhängige Lösung für jeden Teilbereich des Problems zu finden. Entscheidend ist es, ganzheitliche Lösungen zu suchen, welche die Wechselwirkungen der Natursysteme untereinander und mit den Sozialsystemen berücksichtigen. Es gibt nicht zwei Krisen nebeneinander, eine der Umwelt und eine der Gesellschaft, sondern eine einzige und komplexe sozio-ökologische Krise. Die Wege zur Lösung erfordern einen ganzheitlichen Zugang, um die Armut zu bekämpfen, den Ausgeschlossenen ihre Würde zurückzugeben und sich zugleich um die Natur zu kümmern.

140. Aufgrund der großen Zahl und der Vielfalt der Elemente, die zu berücksichtigen sind, wird es bei der Ermittlung der Umweltverträglichkeit einer konkreten Unternehmenstätigkeit unverzichtbar, den Forschern eine maßgebliche Rolle zu übertragen und ihre Zusammenarbeit mit beträchtlicher akademischer Freiheit zu fördern. Diese stetige Forschung müsste auch zu der Erkenntnis führen, wie sich die einzelnen Lebewesen zueinander verhalten und die größeren Einheiten bilden, die wir heute „Ökosysteme“ nennen. Wir ziehen sie nicht nur zur Ermittlung ihrer vernünftigen Nutzung in Betracht, sondern auch weil sie einen eigenständigen Wert besitzen, der von dieser Nutzung unabhängig ist. Wie jeder Organismus in sich selber gut und bewundernswert ist, weil er eine Schöpfung Gottes ist, so gilt das Gleiche für das harmonische Miteinander verschiedener Organismen in einem bestimmten Raum, das als System funktioniert. Auch wenn es uns nicht bewusst ist, hängen wir für unsere eigene Existenz von einem solchen Miteinander ab. Man muss sich vor Augen halten, dass die Ökosysteme auf die Umwandlung von Kohlendioxid, auf die Reinigung des Wassers, auf die Kontrolle von Krankheiten und Plagen, auf die Zusammensetzung des Bodens, auf die Zersetzung der Rückstände und auf viele andere Bereiche einwirken, die wir nicht bedenken oder nicht kennen. Vielen Menschen wird, wenn sie das merken, bewusst, dass wir auf der Grundlage einer Wirklichkeit leben und handeln, die uns zuvor geschenkt wurde und die unserem Können und unserer Existenz vorausgeht. Wenn man deshalb von einem „nachhaltigen Gebrauch“ spricht, muss man immer eine Er-

wägung über die Fähigkeit zur Regeneration jedes Ökosystems in seinen verschiedenen Bereichen und Aspekten mit einbeziehen.

141. Auf der anderen Seite neigt das Wirtschaftswachstum dazu, Automatismen zu erzeugen und zu „homogenisieren", mit dem Zweck, Abläufe zu vereinfachen und Kosten zu verringern. Daher ist eine Wirtschaftsökologie notwendig, die in der Lage ist, zu einer umfassenderen Betrachtung der Wirklichkeit zu verpflichten. Denn „damit eine nachhaltige Entwicklung zustande kommt, muss der Umweltschutz Bestandteil des Entwicklungsprozesses sein und darf nicht von diesem getrennt betrachtet werden"[114]. Doch zugleich wird die dringende Notwendigkeit des Humanismus aktuell, der von sich aus die verschiedenen Wissensgebiete – auch das wirtschaftliche – zusammenführt, um eine umfassendere wie integrierendere Perspektive zu erhalten. Heute ist die Analyse der Umweltprobleme nicht zu trennen von einer Prüfung des menschlichen Umfelds, des familiären Kontextes, der Arbeitsbedingungen und der urbanen Verhältnisse sowie der Beziehung jedes Menschen zu sich selbst, welche die Weise bestimmt, wie er mit den anderen und mit der Umwelt in Beziehung tritt. Es gibt eine Wechselwirkung zwischen den Ökosystemen und den verschiedenen sozialen Bezugswelten, und auf diese Weise zeigt sich ein weiteres Mal, dass das Ganze dem Teil übergeordnet ist[115].

142. Wenn zwischen allen Dingen Beziehungen bestehen, bringt auch der Gesundheitszustand der Institutionen einer Gesellschaft Folgen für die Umwelt und

die menschliche Lebensqualität mit sich: „Jede Verletzung der bürgerlichen Solidarität und Freundschaft ruft Umweltschäden hervor“[116]. In diesem Sinne bezieht sich die Sozialökologie notwendigerweise auf die Institutionen und erreicht fortschreitend die verschiedenen Ebenen, angefangen von der elementaren sozialen Zelle der Familie über die Ortsgemeinde und das Land bis zum internationalen Leben. Innerhalb einer jeden sozialen Ebene und zwischen ihnen entwickeln sich die Institutionen, die die menschlichen Beziehungen regeln. Alles, was diese Institutionen beschädigt, hat schädliche Auswirkungen: sei es der Verlust der Freiheit oder seien es die Ungerechtigkeit und die Gewalt. Die Regierung verschiedener Länder stützt sich auf eine instabile institutionelle Basis, auf Kosten der leidenden Bevölkerung und zum Vorteil jener, die von diesem Stand der Dinge profitieren. Sowohl innerhalb der staatlichen Verwaltung als auch in den verschiedenen Bereichen der Zivilgesellschaft oder den Beziehungen der Einwohner untereinander sind übermäßig oft Verhaltensweisen zu registrieren, die weit entfernt sind von den Gesetzen. Diese mögen auf korrekte Weise abgefasst worden sein, pflegen aber toter Buchstabe zu bleiben. Kann man unter solchen Umständen darauf hoffen, dass die Gesetzgebung und die Rechtsvorschriften, die mit der Umwelt zu tun haben, wirklich effizient sind? Wir wissen zum Beispiel, dass Länder, die über eine klare Gesetzgebung zum Schutz der Wälder verfügen, weiterhin stumme Zeugen einer häufigen Verletzung dieser Gesetze sind. Zudem übt das, was in einer Region passiert, direkt oder indirekt auch Einfluss auf andere Gebiete aus. So führt der Drogenkonsum in den

Wohlstandsgesellschaften zu einer ständigen oder zunehmenden Nachfrage von Produkten, die aus verarmten Regionen kommen, wo die Verhaltensweisen korrumpieren, Menschenleben vernichtet werden und schließlich die Umwelt zerstört wird.

II. DIE KULTURÖKOLOGIE

143. Neben dem natürlichen Erbe gibt es ein historisches, künstlerisches und kulturelles Erbe, das gleichfalls bedroht ist. Es ist Teil der gemeinsamen Identität eines Ortes und Grundlage für den Aufbau einer bewohnbaren Stadt. Es geht nicht darum, etwas zu zerstören und neue, angeblich umweltfreundlichere Städte zu bauen, in denen zu wohnen nicht immer wünschenswert ist. Die Geschichte, die Kultur und die Architektur eines Ortes müssen eingegliedert werden, so dass seine ursprüngliche Identität bewahrt bleibt. Deshalb setzt die Ökologie auch die Pflege der kulturellen Reichtümer der Menschheit im weitesten Sinn voraus. In direkterer Hinsicht ist gefordert, dass bei der Analyse von Fragen, die mit der Ökologie verbunden sind, den örtlichen Kulturen Aufmerksamkeit geschenkt wird, indem man die wissenschaftlich-technische Sprache in einen Dialog mit der Sprache des Volkes bringt. Wenn die Beziehung des Menschen zur Umwelt bedacht wird, darf die Kultur nicht ausgeschlossen werden, und zwar nicht nur im Hinblick auf die Denkmäler der Vergangenheit, sondern ganz besonders in ihrem lebendigen, dynamischen und partizipativen Sinn.

144. Die konsumistische Sicht des Menschen, die durch das Räderwerk der aktuellen globalisierten Wirtschaft angetrieben wird, neigt dazu, die Kulturen gleichförmig zu machen und die große kulturelle Vielfalt, die einen Schatz für die Menschheit darstellt, zu schwächen. Deshalb führt das Bestreben, alle Schwierigkeiten durch einheitliche gesetzliche Regelungen oder technische Eingriffe zu lösen, dazu, die Vielschichtigkeit der örtlichen Problematiken zu übersehen, die ein aktives Einschreiten der Bewohner notwendig machen. Die neuen in Entwicklung befindlichen Prozesse können nicht immer in Schemata eingefügt werden, die von außen festgelegt werden. Sie müssen vielmehr aus der eigenen lokalen Kultur erwachsen. Weil das Leben und die Welt dynamisch sind, muss auch die Weise, wie man für die Dinge Sorge trägt, flexibel und dynamisch sein. Die rein technischen Lösungen laufen Gefahr, Symptome zu behandeln, die nicht den eigentlichen Problematiken entsprechen. Es ist nötig, sich die Perspektive der Rechte der Völker und der Kulturen anzueignen, und auf diese Weise zu verstehen, dass die Entwicklung einer sozialen Gruppe einen historischen Prozess im Innern eines bestimmten kulturellen Zusammenhangs voraussetzt und dabei verlangt, dass die lokalen sozialen Akteure *ausgehend von ihrer eigenen Kultur* ständig ihren zentralen Part übernehmen. Nicht einmal den Grundbegriff der Lebensqualität kann man vorschreiben, sondern muss ihn aus dem Innern der Welt der Symbole und Gewohnheiten, die einer bestimmten Menschengruppe eigen sind, verstehen.

145. Viele höchst konzentrierte Formen der Ausbeutung und der Schädigung der Umwelt können nicht nur die lokalen Mittel des Fortbestands erschöpfen, sondern auch die sozialen Fähigkeiten zunichte machen, die eine Lebensweise ermöglicht haben, die über lange Zeit eine kulturelle Identität sowie einen Sinn der Existenz und des Zusammenlebens gewährt hat. Das Verschwinden einer Kultur kann genauso schwerwiegend sein wie das Verschwinden einer Tier- oder Pflanzenart, oder sogar noch gravierender. Die Durchsetzung eines vorherrschenden Lebensstils, der an eine bestimmte Produktionsweise gebunden ist, kann genauso schädlich sein wie die Beeinträchtigung der Ökosysteme.

146. In diesem Sinne ist es unumgänglich, den Gemeinschaften der Ureinwohner mit ihren kulturellen Traditionen besondere Aufmerksamkeit zu widmen. Sie sind nicht eine einfache Minderheit unter anderen, sie müssen vielmehr die wesentlichen Ansprechpartner werden, vor allem wenn man mit großen Projekten vordringt, die ihre Gebiete einbeziehen. Denn für sie ist das Land nicht ein Wirtschaftsgut, sondern eine Gabe Gottes und der Vorfahren, die in ihm ruhen; ein heiliger Raum, mit dem sie in Wechselbeziehung stehen müssen, um ihre Identität und ihre Werte zu erhalten. Wenn sie in ihren Territorien bleiben, sind es gerade sie, die am besten für sie sorgen. In verschiedenen Teilen der Erde stehen sie jedoch unter Druck, ihr Land aufzugeben, um es für Bergbauprojekte bzw. land- und viehwirtschaftliche Pläne frei zu lassen, die nicht auf die Schädigung der Natur und der Kultur achten.

III. DIE ÖKOLOGIE DES ALLTAGSLEBENS

147. Um von einer echten Entwicklung sprechen zu können, ist sicherzustellen, dass eine ganzheitliche Verbesserung der menschlichen Lebensqualität erbracht wird; und das bedeutet, dass man den Raum untersucht, wo sich das Dasein der Menschen abspielt. Die Szenerien, die uns umgeben, beeinflussen die Weise, wie wir das Leben sehen, wie wir empfinden und wie wir handeln. Zugleich machen wir in unserem Zimmer, in unserem Haus, an unserem Arbeitsplatz und in unserem Stadtbezirk von der Umwelt Gebrauch, um unsere Identität auszudrücken. Wir strengen uns an, uns an die Umwelt anzupassen, und wenn eine Umgebung unordentlich, chaotisch oder mit visueller und akustischer Belästigung überladen ist, fordert uns dieses Übermaß an Reizen heraus zu versuchen, eine integrierte und glückliche Identität aufzubauen.

148. Bewundernswert sind die Kreativität und die Großherzigkeit von Personen und Gruppen, die fähig sind, die Einschränkungen der Umwelt aufzuheben, indem sie die ungünstigen Wirkungen der Konditionierungen verändern und lernen, ihr Leben inmitten der Unordnung und der Unsicherheit einzurichten. So gibt es zum Beispiel in einigen Orten, wo die Fassaden der Häuser sehr heruntergekommen sind, Menschen, die mit großer Würde das Innere ihrer Wohnungen pflegen, oder sie fühlen sich wohl wegen der Herzlichkeit und der Freundschaft der Leute. Das positive und wohltuende soziale Leben der Bewohner verbreitet Licht in einer scheinbar ungüns-

tigen Umgebung. Manchmal ist die Humanökologie, die die Armen inmitten so vieler Begrenzungen zu entwickeln vermögen, lobenswert. Dem Gefühl der Beklemmung, das die Zusammenballung in Wohnhäusern und Räumen mit hoher Bevölkerungsdichte erzeugt, wird entgegengewirkt, wenn sich menschliche Beziehungen entwickeln, die sich durch Nähe und Herzenswärme auszeichnen, wenn sich Gemeinschaften bilden, wenn die Umweltbegrenzungen im Innern einer jeden Person, die sich in ein Netz von Gemeinschaft und Zugehörigkeit aufgenommen fühlt, kompensiert werden. Auf diese Weise hört jeder beliebige Ort auf, eine Hölle zu sein, und wird zum Umfeld eines würdigen Lebens.

149. Ebenso ist klar, dass die extreme Entbehrung, die in manchen Situationen erfahren wird, wo Harmonie, Platz und Möglichkeiten der Eingliederung fehlen, das Aufkommen von inhumanen Verhaltensweisen und die Manipulation der Menschen durch kriminelle Organisationen begünstigt. Für die Bewohner von sehr problematischen Wohnquartieren kann der tägliche Gang vom Gedränge zur sozialen Anonymität, den man in den großen Städten erfährt, ein Gefühl der Entwurzelung hervorrufen, das asoziale und gewaltbereite Verhaltensweisen fördert. Dennoch will ich betonen, dass die Liebe stärker ist. Viele Menschen in diesen Lebensumständen sind in der Lage, Bande der Zugehörigkeit und des Zusammenlebens zu knüpfen, die das Gedränge in eine Gemeinschaftserfahrung verwandeln, wo die Wände des Ichs durchbrochen und die Schranken des Egoismus überwunden werden. Diese Erfahrung gemein-

schaftlichen Heils ist das, was gewöhnlich kreative Reaktionen auslöst, um ein Gebäude oder ein Wohnquartier zu verschönern[117].

150. Wenn man von der Wechselwirkung zwischen dem Raum und dem menschlichen Verhalten ausgeht, benötigen diejenigen, die Gebäude, Stadtviertel, öffentliche Räume und Städte planen, den Beitrag verschiedener Fachgebiete, die es ermöglichen, die Vorgänge, die Symbolwelt und das Verhalten der Menschen zu verstehen. Es genügt nicht, die Schönheit in der Gestaltung anzustreben, weil es noch wertvoller ist, einer anderen Art von Schönheit zu dienen: der Lebensqualität der Menschen, ihrer Anpassung an die Umwelt, der Begegnung und der gegenseitigen Hilfe. Auch aus diesem Grund ist es so wichtig, dass die Ansichten der betroffenen Bevölkerung immer die Analysen der Städteplanung ergänzen.

151. Es ist erforderlich, dass die öffentlichen Plätze, das Panorama und die urbanen Bezugspunkte gepflegt werden. Denn sie lassen in uns den Sinn der Zugehörigkeit, das Gefühl der Verwurzelung und den Eindruck wachsen, „zu Hause zu sein" innerhalb der Stadt, die uns umschließt und zusammenführt. Wichtig ist, dass die verschiedenen Teile einer Stadt gut integriert sind und die Bewohner ein Gesamtbild haben können, statt sich in Wohnquartieren abzukapseln und darauf zu verzichten, die ganze Stadt als einen eigenen, gemeinsam mit den anderen genutzten Raum zu erfahren. Jeglicher Eingriff in die städtische oder ländliche Landschaft müsste die Tatsache berücksichtigen, dass die verschiedenen Elemente des Ortes ein

Ganzes bilden, das die Bewohner als ein kohärentes Bild mit seinem Reichtum an Bedeutungen wahrnehmen. Auf diese Weise sind die anderen nicht mehr Fremde und können als Teil eines „Wir" empfunden werden, das wir gemeinsam aufbauen. Aus demselben Grund ist es sowohl für das städtische als auch für das ländliche Umfeld angebracht, einige Orte zu bewahren, in denen menschliche Eingriffe, die sie ständig verändern, vermieden werden.

152. Die Wohnungsnot ist ein großes Problem in vielen Teilen der Welt, in den ländlichen Gebieten wie in den großen Städten, auch weil die Staatshaushalte nur einem kleinen Teil der Nachfrage entsprechen können. Nicht nur die Armen, sondern ein Großteil der Gesellschaft leidet unter ernsten Schwierigkeiten, eine eigene Wohnung zu erlangen. Der Besitz einer Wohnung hat viel mit der Würde der Personen und der Entfaltung der Familien zu tun. Es handelt sich um eine zentrale Frage der Humanökologie. Wenn sich an einem bestimmten Ort schon chaotische Ansammlungen von baufälligen Häusern gebildet haben, geht es vor allem darum, diese Quartiere zu urbanisieren und nicht ihre Bewohner zu entwurzeln und zu vertreiben. Wenn die Armen in verschmutzten Vorstädten oder in gefährlichen Massenbehausungen leben und man ihre Umsiedlung in die Wege leiten muss, dann ist es, „um nicht Leid auf Leid zu häufen [...] erforderlich, im Vorfeld für eine angemessene Information zu sorgen, menschenwürdige Wohnalternativen anzubieten und die Betroffenen direkt einzubinden".[118] Zugleich müsste die Kreativität dazu führen, die problematischen Quartiere

in eine gastfreundliche Stadt einzufügen. „Wie schön sind die Städte, die das krankhafte Misstrauen überwinden, die anderen mit ihrer Verschiedenheit eingliedern und aus dieser Integration einen Entwicklungsfaktor machen! Wie schön sind die Städte, die auch in ihrer architektonischen Planung reich sind an Räumen, die verbinden, in Beziehung setzen und die Anerkennung des anderen begünstigen!"[119]

153. Die Lebensqualität in den Städten hat viel mit den Verkehrsverhältnissen zu tun, die oft Grund für große Leiden der Bewohner sind. In den Städten fahren viele Autos umher mit nur einem oder zwei Insassen. Dadurch wird der Verkehrsfluss erschwert, der Grad der Verschmutzung ist hoch, es werden enorme Mengen von nicht erneuerbarer Energie verbraucht, und es wird notwendig, weitere Autobahnen und Parkplätze zu bauen, die das städtische Gefüge beeinträchtigen. Viele Fachleute stimmen darin überein, dass man den öffentlichen Verkehrsmitteln den Vorrang geben muss. Doch werden einige notwendige Maßnahmen nur schwerlich in friedfertiger Weise akzeptiert werden ohne eine wesentliche Verbesserung dieser Verkehrsmittel, die in vielen Städten aufgrund der Menschenmenge, der Unbequemlichkeit oder der geringen Häufigkeit des verfügbaren Nahverkehrs und der Unsicherheit eine unwürdige Behandlung der Passagiere darstellen.

154. Die Anerkennung der besonderen Würde der Person steht häufig im Kontrast zum chaotischen Leben, das die Menschen in unseren Städten führen müssen. Das dürfte aber nicht dazu führen, den Zu-

stand der Vernachlässigung und der Nichtbeachtung zu vergessen, unter dem auch manche Bewohner ländlicher Gebiete leiden, wo wesentliche Dienstleistungen nicht hingelangen und wo es Arbeiter gibt, die erniedrigt sind in Situationen der Versklavung ohne Rechte und ohne Aussichten auf ein würdigeres Leben.

155. Die Humanökologie beinhaltet auch einen sehr tiefgründigen Aspekt: die notwendige Beziehung des Lebens des Menschen zu dem moralischen Gesetz, das in seine eigene Natur eingeschrieben ist. Diese Beziehung ist unerlässlich, um eine würdigere Umgebung gestalten zu können. Papst Benedikt XVI. sagte, dass es eine „Ökologie des Menschen" gibt, denn „auch der Mensch hat eine Natur, die er achten muss und die er nicht beliebig manipulieren kann".[120] Auf dieser Linie muss man anerkennen, dass unser Körper uns in eine direkte Beziehung zu der Umwelt und den anderen Lebewesen stellt. Das Akzeptieren des eigenen Körpers als Gabe Gottes ist notwendig, um die ganze Welt als Geschenk des himmlischen Vaters und als gemeinsames Haus zu empfangen und zu akzeptieren, während eine Logik der Herrschaft über den eigenen Körper sich in eine manchmal subtile Logik der Herrschaft über die Schöpfung verwandelt. Zu lernen, den eigenen Körper anzunehmen, ihn zu pflegen und seine vielschichtige Bedeutung zu respektieren, ist für eine wahrhaftige Humanökologie wesentlich. Ebenso ist die Wertschätzung des eigenen Körpers in seiner Weiblichkeit oder Männlichkeit notwendig, um in der Begegnung mit dem anderen Geschlecht sich selbst zu erkennen. Auf die-

se Weise ist es möglich, freudig die besondere Gabe des anderen oder der anderen als Werk Gottes des Schöpfers anzunehmen und sich gegenseitig zu bereichern. Eben deswegen ist die Einstellung dessen nicht gesund, der den Anspruch erhebt, „den Unterschied zwischen den Geschlechtern auszulöschen, weil er sich nicht mehr damit auseinanderzusetzen versteht".[121]

IV. DAS PRINZIP DES GEMEINWOHLS

156. Die Humanökologie ist nicht von dem Begriff des Gemeinwohls zu trennen, einem Prinzip, das eine zentrale und Einheit schaffende Rolle in der Sozialethik spielt. Es ist „die Gesamtheit jener Bedingungen des gesellschaftlichen Lebens, die sowohl den Gruppen als auch deren einzelnen Gliedern ein volleres und leichteres Erreichen der eigenen Vollendung ermöglichen".[122]

157. Das Gemeinwohl geht vom Respekt der menschlichen Person als solcher aus mit grundlegenden und unveräußerlichen Rechten im Hinblick auf ihre ganzheitliche Entwicklung. Es verlangt auch das soziale Wohl und die Entfaltung der verschiedenen intermediären Gruppen, indem es das Prinzip der Subsidiarität anwendet. Unter diesen ragt besonders die Familie als Grundzelle der Gesellschaft heraus. Schließlich erfordert das Gemeinwohl den sozialen Frieden, das heißt die Stabilität und die Sicherheit einer bestimmten Ordnung, die ohne eine spezielle

Aufmerksamkeit gegenüber der distributiven Gerechtigkeit nicht zu verwirklichen ist, denn die Verletzung dieser Gerechtigkeit erzeugt immer Gewalt. Die gesamte Gesellschaft – und in ihr in besonderer Weise der Staat – hat die Pflicht, das Gemeinwohl zu verteidigen und zu fördern.

158. In der gegenwärtigen Situation der globalen Gesellschaft, in der es so viel soziale Ungerechtigkeit gibt und immer mehr Menschen ausgeschlossen und ihrer grundlegenden Menschenrechte beraubt werden, verwandelt sich das Prinzip des Gemeinwohls als logische und unvermeidliche Konsequenz unmittelbar in einen Appell zur Solidarität und in eine vorrangige Option für die Ärmsten. Diese Option bedeutet, die Konsequenzen aus der gemeinsamen Bestimmung der Güter der Erde zu ziehen, doch – wie ich im Apostolischen Schreiben *Evangelii gaudium*[123] auszuführen versuchte – verlangt sie vor allem, sich die unermessliche Würde des Armen im Licht der tiefsten Glaubensüberzeugungen vor Augen zu führen. Es genügt, die Wirklichkeit anzuschauen, um zu verstehen, dass diese Option heute ein grundlegender ethischer Anspruch für eine effektive Verwirklichung des Gemeinwohls ist.

V. DIE GENERATIONSÜBERGREIFENDE GERECHTIGKEIT

159. Der Begriff des Gemeinwohls bezieht auch die zukünftigen Generationen mit ein. Die interna-

tionalen Wirtschaftskrisen haben in aller Härte die schädlichen Auswirkungen gezeigt, welche die Verkennung eines gemeinsamen Schicksals mit sich bringt, aus dem jene, die nach uns kommen, nicht ausgeschlossen werden können. Ohne eine Solidarität zwischen den Generationen kann von nachhaltiger Entwicklung keine Rede mehr sein. Wenn wir an die Situation denken, in der der Planet den kommenden Generationen hinterlassen wird, treten wir in eine andere Logik ein, in die des freien Geschenks, das wir empfangen und weitergeben. Wenn die Erde uns geschenkt ist, dann können wir nicht mehr von einem utilitaristischen Kriterium der Effizienz und der Produktivität für den individuellen Nutzen her denken. Wir reden hier nicht von einer optionalen Haltung, sondern von einer grundlegenden Frage der Gerechtigkeit, da die Erde, die wir empfangen haben, auch jenen gehört, die erst noch kommen. Die Bischöfe Portugals haben dazu aufgefordert, diese Pflicht der Gerechtigkeit zu übernehmen: „Die Umwelt ist in der Logik des Empfangens angesiedelt. Sie ist eine Leihgabe, die jede Generation empfängt und an die nächste Generation weitergeben muss."[124] Eine integrale Ökologie hat diese weite Perspektive.

160. Welche Art von Welt wollen wir denen überlassen, die nach uns kommen, den Kindern, die gerade aufwachsen? Diese Frage betrifft nicht nur die Umwelt in isolierter Weise, denn es ist unmöglich, das Problem fragmentarisch anzugehen. Wenn wir uns bezüglich der Welt, die wir hinterlassen wollen, Fragen stellen, meinen wir vor allem ihre allgemeine Ausrichtung, ihren Sinn, ihre Werte. Wenn die-

se grundlegende Frage nicht lebendig mitschwingt, glaube ich nicht, dass unsere ökologischen Bemühungen bedeutende Wirkungen erzielen können. Wird sie aber mutig gestellt, führt sie uns unweigerlich zu weiteren, sehr direkten Fragestellungen: Wozu gehen wir durch diese Welt, wozu sind wir in dieses Leben gekommen, wozu arbeiten wir und mühen uns ab, wozu braucht uns diese Erde? Darum reicht es nicht mehr zu sagen, dass wir uns um die zukünftigen Generationen sorgen müssen. Wir müssen uns bewusst werden, dass unsere eigene Würde auf dem Spiel steht. Wir sind die Ersten, die daran interessiert sind, der Menschheit, die nach uns kommen wird, einen bewohnbaren Planeten zu hinterlassen. Das ist ein Drama für uns selbst, denn dies beleuchtet kritisch den Sinn unseres eigenen Lebensweges auf dieser Erde.

161. Die verhängnisvollen Prognosen dürfen nicht mehr mit Geringschätzung und Ironie betrachtet werden. Wir könnten den nächsten Generationen zu viel Schutt, Wüsten und Schmutz hinterlassen. Der Rhythmus des Konsums, der Verschwendung und der Veränderung der Umwelt hat die Kapazität des Planeten derart überschritten, dass der gegenwärtige Lebensstil, da er unhaltbar ist, nur in Katastrophen enden kann, wie es bereits periodisch in verschiedenen Regionen geschieht. Die Abschwächung der Auswirkungen des derzeitigen Ungleichgewichts hängt davon ab, was wir jetzt tun, vor allem, wenn wir an die Verantwortung denken, die uns von denen zugewiesen wird, die die schlimmsten Folgen zu tragen haben.

162. Die Schwierigkeit, diese Herausforderung ernst zu nehmen, hängt mit dem ethischen und kulturellen Verfall zusammen, der den ökologischen begleitet. Der postmoderne Mensch läuft ständig Gefahr, zutiefst individualistisch zu werden, und viele soziale Probleme sind mit dem gegenwärtigen egoistischen Immediatismus verbunden, mit den Krisen der familiären und sozialen Bindungen, mit den Schwierigkeiten, den Mitmenschen anzuerkennen. Oft wird ein unmittelbarer und übertriebener Konsum der Eltern den eigenen Kindern zum Schaden, die es immer schwerer haben, ein eigenes Haus zu erwerben und eine Familie zu gründen. Unsere Unfähigkeit, ernsthaft an die zukünftigen Generationen zu denken, geht überdies mit unserer Unfähigkeit einher, die aktuellen Interessen auszuweiten und an jene zu denken, die von der Entwicklung ausgeschlossen bleiben. Denken wir nicht nur an die Armen der Zukunft. Es genügt schon, an die Armen von heute zu denken, die nur wenige Lebensjahre auf dieser Erde verbringen und nicht mehr warten können. Daher muss „neben einer aufrichtigen Generationen übergreifenden Solidarität [...] die dringende moralische Notwendigkeit einer erneuerten Solidarität innerhalb einer Generation betont werden“[125].

Franziskus?
Ist das nicht der, der seinen ganzen Besitz an die Armen verteilt hat ...!?
Der neue Papst heißt
Franziskus
Danke!
PLOT

FÜNFTES KAPITEL EINIGE LEITLINIEN FÜR ORIENTIERUNG UND HANDLUNG

163. Ich habe versucht, die aktuelle Situation der Menschheit zu analysieren, und zwar sowohl in den Brüchen, die wir auf dem Planeten beobachten, den wir bewohnen, als auch in den zutiefst menschlichen Ursachen der Umweltzerstörung. Obwohl diese Betrachtung der Realität bereits von sich aus auf die Notwendigkeit eines Kurswechsels hinweist und uns einige Maßnahmen nahelegt, wollen wir jetzt allgemeine Wege für den Dialog skizzieren, die uns helfen sollen, aus der Spirale der Selbstzerstörung herauszukommen, in der wir untergehen.

I. DER UMWELTDIALOG IN DER INTERNATIONALEN POLITIK

164. Seit der Mitte des vergangenen Jahrhunderts und nach Überwindung vieler Schwierigkeiten hat sich allmählich die Tendenz durchgesetzt, den Planeten als Heimat zu begreifen und die Menschheit als ein Volk, das ein gemeinsames Haus bewohnt. Eine interdependente Welt bedeutet nicht einzig und allein, zu verstehen, dass die schädlichen Konsequenzen von Lebensstil, Produktionsweise und Konsumverhalten alle betreffen, sondern es bedeutet in erster Linie, dafür zu sorgen, dass die Lösungen von einer

globalen Perspektive aus vorgeschlagen werden und nicht nur der Verteidigung der Interessen einiger Länder dienen. Die Interdependenz verpflichtet uns, an *eine einzige Welt*, an *einen gemeinsamen Plan* zu denken. Doch die gleiche Intelligenz, die für eine enorme technische Entwicklung verwendet wurde, schafft es nicht, wirksame Formen internationalen *leaderships* zu finden, um die schwerwiegenden Umweltprobleme und die ernsten sozialen Schwierigkeiten zu lösen. Um die Grundfragen in Angriff zu nehmen, die nicht durch Maßnahmen einzelner Länder gelöst werden können, ist ein weltweiter Konsens unerlässlich, der zum Beispiel dazu führt, eine nachhaltige und vielgestaltige Landwirtschaft zu planen, erneuerbare und möglichst umweltfreundliche Energieformen zu entwickeln, eine größere Energieeffizienz zu fördern, eine angemessenere Verwaltung der Ressourcen aus Wald und Meer voranzutreiben und allen den Zugang zu Trinkwasser zu sichern.

165. Wir wissen, dass die Technologie, die auf der sehr umweltschädlichen Verbrennung von fossilem Kraftstoff – vor allem von Kohle, aber auch von Erdöl und, in geringerem Maße, Gas – beruht, fortschreitend und unverzüglich ersetzt werden muss. Solange es keine weit reichende Entwicklung erneuerbarer Energien gibt, die bereits im Gang sein müsste, ist es legitim, für das geringere Übel zu optieren oder auf Übergangslösungen zurückzugreifen. Dennoch werden in der internationalen Gemeinschaft keine ausreichenden Vereinbarungen über die Verantwortung derer erreicht, die die Kosten für die Energieumstellung tragen müssen. In den letzten Jahrzehnten haben die

Umweltfragen eine große öffentliche Debatte hervorgerufen, die in der Zivilgesellschaft Raum geschaffen hat für einen starken Einsatz und ein großherziges Engagement. Politik und Unternehmertum reagieren langsam, weit davon entfernt, den weltweiten Herausforderungen gewachsen zu sein. In diesem Sinn kann man sagen: Während die Menschheit des postindustriellen Zeitalters vielleicht als eine der verantwortungslosesten der Geschichte in der Erinnerung bleiben wird, ist zu hoffen, dass die Menschheit vom Anfang des 21. Jahrhunderts in die Erinnerung eingehen kann, weil sie großherzig ihre schwerwiegende Verantwortung auf sich genommen hat.

166. Die weltweite Ökologiebewegung hat bereits einen langen Weg zurückgelegt, bereichert durch die Bemühungen vieler zivilgesellschaftlicher Organisationen. Es ist nicht möglich, sie hier alle zu nennen, noch die Geschichte ihrer Beiträge durchzugehen. Doch dank eines solchen Engagements sind die Umweltfragen immer stärker in die öffentliche Tagesordnung eingegangen und haben sich in eine ständige Einladung verwandelt, langfristig zu denken. Trotzdem haben die Umwelt-Gipfeltreffen der letzten Jahre nicht den Erwartungen entsprochen, denn aus Mangel an politischer Entscheidung haben sie keine wirklich bedeutungsvollen und wirksamen globalen Umweltvereinbarungen erreicht.

167. Hervorzuheben ist der 1992 in Rio de Janeiro abgehaltene Erdgipfel. Dort wurde erklärt: „Die Menschen stehen im Mittelpunkt der Bemühungen um eine nachhaltige Entwicklung.“[126] In Anknüpfung an

die Inhalte der Erklärung von Stockholm (1972) wurden feierliche Zusagen gemacht über die internationale Zusammenarbeit zur Pflege des Ökosystems der gesamten Erde; über die Verpflichtung dessen, der Umweltverschmutzung verursacht, finanziell dafür aufzukommen; über die Pflicht, die Umweltverträglichkeit eines jeden Werkes oder Projektes zu prüfen. Es wurde das Ziel vorgeschlagen, die höchstzulässige Konzentration von Treibhausgas in der Atmosphäre festzulegen, um die Tendenz zur globalen Erderwärmung umzukehren. Es wurden auch eine Agenda mit einem Aktionsplan und ein Abkommen über die biologische Vielfalt erarbeitet sowie eine Grundsatzerklärung hinsichtlich des Waldes abgegeben. Obwohl dieses Gipfeltreffen alle Erwartungen übertraf und für seine Zeit wirklich prophetisch war, erfuhren die getroffenen Vereinbarungen nur ein geringes Maß an praktischer Umsetzung, weil keine geeigneten Mechanismen zur Kontrolle, zur periodischen Überprüfung und zur Bestrafung der Zuwiderhandlungen eingerichtet wurden. Die formulierten Grundsätze fordern weiterhin wirksame und schnelle Wege der konkreten Verwirklichung.

168. Unter den positiven Erfahrungen können zum Beispiel die Basler Konvention über die gefährlichen Abfälle mit einem System von Bekanntmachung, Standardnormen und Kontrollen wie auch das Washingtoner Artenschutzübereinkommen genannt werden, das den internationalen Handel von bedrohten Tier- und Pflanzenarten regelt und Einsätze zur Überprüfung der effektiven Einhaltung einschließt. Dank dem Wiener Übereinkommen zum Schutz der

Ozonschicht sowie seiner Umsetzung durch das Montrealer Protokoll und dessen Korrekturen scheint man auf dem Weg zu sein, das Problem der Verringerung dieser Schicht zu lösen.

169. In Bezug auf die Bewahrung der biologischen Vielfalt und im Zusammenhang mit der Wüstenbildung waren die Fortschritte von viel geringerer Bedeutung. Was den Klimawandel betrifft, sind die Fortschritte leider sehr spärlich. Die Reduzierung von Treibhausgas verlangt Ehrlichkeit, Mut und Verantwortlichkeit vor allem der Länder, die am mächtigsten sind und am stärksten die Umwelt verschmutzen. Die 2012 in Rio de Janeiro abgehaltene Konferenz der Vereinten Nationen über nachhaltige Entwicklung, kurz „Rio+20“ genannt, gab eine weitschweifende und unwirksame Abschlusserklärung heraus. Die internationalen Verhandlungen können keine namhaften Fortschritte machen aufgrund der Positionen der Länder, die es vorziehen, ihre nationalen Interessen über das globale Gemeinwohl zu setzen. Diejenigen, welche unter den Folgen leiden werden, die wir zu überspielen suchen, werden an diesen Mangel an Gewissen und an Verantwortlichkeit erinnern. Während diese Enzyklika erarbeitet wurde, hat die Debatte eine besondere Intensität erlangt. Wir Gläubigen dürfen nicht aufhören, Gott um das positive Vorankommen in den aktuellen Diskussionen zu bitten, damit die kommenden Generationen nicht unter den Konsequenzen fahrlässiger Verzögerungen leiden müssen.

170. Einige der Strategien für den niedrigen Ausstoß umweltschädlicher Gase streben die Internationalisierung der Umweltkosten an, was mit der Gefahr verbunden ist, dass den Ländern, die über weniger Mittel verfügen, schwerwiegende Verpflichtungen zur Reduzierung der Emissionen aufgebürdet werden, die denen der am stärksten industrialisierten Länder vergleichbar sind. Die Auferlegung dieser Maßnahmen beeinträchtigt die Länder, die am meisten der Entwicklung bedürfen. Auf diese Weise kommt im Gewand des Umweltschutzes eine neue Ungerechtigkeit hinzu. Wie immer trifft es die Schwächsten. Da die Wirkungen des Klimawandels sich selbst dann über lange Zeit hin bemerkbar machen werden, wenn jetzt strenge Maßnahmen ergriffen werden, werden einige Länder, die nur über beschränkte Mittel verfügen, Hilfe benötigen, um sich den Auswirkungen anzupassen, die schon jetzt eintreten und die ihre Ökonomien schädigen. Nach wie vor gilt, dass es gemeinsame, aber differenzierte Verantwortlichkeiten gibt, einfach weil – wie die Bischöfe von Bolivien gesagt haben – „die Länder, welche auf Kosten einer enormen Emission von Treibhausgas von einem hohen Grad an Industrialisierung profitiert haben, stärker dafür verantwortlich sind, zur Lösung der Probleme beizutragen, die sie verursacht haben“.[127]

171. Die Strategie eines An- und Verkaufs von „Emissionszertifikaten“ kann Anlass zu einer neuen Form von Spekulation geben und wäre einer Reduzierung der globalen Ausstoßung von umweltschädlichen Gasen nicht dienlich. Dieses System scheint eine schnelle und einfache Lösung zu sein, die den An-

schein eines gewissen Umweltengagements besitzt, jedoch in keiner Weise eine radikale Veränderung mit sich bringt, die den Umständen gewachsen ist. Vielmehr kann es sich in einen Behelf verwandeln, der vom Eigentlichen ablenkt und erlaubt, den übermäßigen Konsum einiger Länder und Bereiche zu unterstützen.

172. Die armen Länder müssen notwendig der Ausrottung des Elends und der sozialen Entwicklung ihrer Bewohner den Vorrang einräumen; gleichwohl müssen sie das skandalöse Konsumniveau einiger privilegierter Bevölkerungsgruppen analysieren und die Korruption besser kontrollieren. Es trifft ebenfalls zu, dass sie Formen der Energiegewinnung entwickeln müssen, die weniger umweltschädlich sind, doch dafür ist es erforderlich, dass sie die Hilfe jener Länder einplanen können, die auf Kosten der aktuellen Verschmutzung des Planeten ein starkes Wachstum verzeichnen konnten. Die direkte Nutzung der reichlich vorhandenen Sonnenenergie setzt voraus, dass Mechanismen und Beihilfen eingeführt werden, so dass die Entwicklungsländer Zugang erhalten zur Übertragung von Technologien, zu technischer Assistenz und zu Finanzhilfen, wobei allerdings immer auf die konkreten Verhältnisse geachtet werden muss, denn „nicht immer wird die Kompatibilität der Anlagen mit dem Kontext, für den sie geplant sind, angemessen bewertet".[128] Die Kosten wären gering, wenn man sie mit den Risiken des Klimawandels vergleicht. In jedem Fall ist es vor allem eine ethische Entscheidung, die sich auf die Solidarität aller Völker gründet.

173. Dringend bedarf es internationaler Vereinbarungen, die umgesetzt werden, da die lokalen Instanzen zu schwach sind, um wirksam einzugreifen. Die Beziehungen zwischen den Staaten müssen die Souveränität eines jeden Landes bewahren, aber auch miteinander abgestimmte Wege festlegen, um lokale Katastrophen zu vermeiden, die letztlich allen schaden würden. Es fehlen globale Rahmenbestimmungen, die Verpflichtungen auferlegen und unannehmbare Handlungen wie z. B. die Tatsache, dass mächtige Länder schwer umweltschädigende Abfälle und Industrien in andere Länder abschieben, verhindern.

174. Auch das System der Verwaltung der Ozeane ist zu erwähnen. Denn obwohl es verschiedene internationale und regionale Vereinbarungen gegeben hat, werden durch die Aufsplitterung und durch das Fehlen strenger Mechanismen zur Reglementierung, Kontrolle und Sanktionierung schließlich alle Anstrengungen untergraben. Das wachsende Problem der Abfälle im Meer und der Schutz der Meeresgebiete jenseits der nationalen Grenzen stellt weiterhin eine besondere Herausforderung dar. Wir brauchen also letztlich eine Vereinbarung über die Regelungen der Ordnungs- und Strukturpolitik für den gesamten Bereich des sogenannten „globalen Gemeinwohls“.

175. Die gleiche Logik, die es erschwert, drastische Entscheidungen zur Umkehrung der Tendenz zur Erderwärmung zu treffen, unterbindet auch die Verwirklichung des Ziels, die Armut auszurotten. Wir brauchen eine verantwortlichere weltweite Reaktion,

die darin besteht, gleichzeitig sowohl die Reduzierung der Umweltverschmutzung als auch die Entwicklung der armen Länder und Regionen in Angriff zu nehmen. Während das 21. Jahrhundert ein Regierungssystem vergangener Zeiten beibehält, ist es Schauplatz eines Machtschwunds der Nationalstaaten, vor allem weil die Dimension von Wirtschaft und Finanzen, die transnationalen Charakter besitzt, tendenziell die Vorherrschaft über die Politik gewinnt. In diesem Kontext wird es unerlässlich, stärkere und wirkkräftig organisierte internationale Institutionen zu entwickeln, die Befugnisse haben, die durch Vereinbarung unter den nationalen Regierungen gerecht bestimmt werden, und mit der Macht ausgestattet sind, Sanktionen zu verhängen. Auf der Linie dessen, was bereits von der Soziallehre der Kirche entwickelt wurde, hat Benedikt XVI. bekräftigt: „Um die Weltwirtschaft zu steuern, die von der Krise betroffenen Wirtschaften zu sanieren, einer Verschlimmerung der Krise und sich daraus ergebenden Ungleichgewichten vorzubeugen, um eine geeignete vollständige Abrüstung zu verwirklichen, sowie Ernährungssicherheit und Frieden zu verwirklichen, den Umweltschutz zu gewährleisten und die Migrationsströme zu regulieren, ist das Vorhandensein einer echten *politischen Weltautorität*, wie sie schon von meinem Vorgänger, dem [heiligen] Papst Johannes XXIII., angesprochen wurde, dringend nötig.“[129] Aus dieser Perspektive gewinnt die Diplomatie eine völlig neue Bedeutung hinsichtlich der Förderung internationaler Strategien, welche den schwerwiegendsten Problemen zuvorkommen, die letztendlich alle schädigen.

II. DER DIALOG IM HINBLICK AUF NEUE NATIONALE UND LOKALE POLITISCHE KONZEPTE

176. Gewinner und Verlierer gibt es nicht nur unter den verschiedenen Ländern, sondern auch innerhalb der armen Länder, wo unterschiedliche Verantwortlichkeiten ausgemacht werden müssen. Darum können die mit der Umwelt und der Wirtschaftsentwicklung verbundenen Fragen nicht mehr nur von den Unterschieden unter den Ländern her aufgerollt werden, sondern erfordern die Beachtung der nationalen und lokalen politischen Programme.

177. Angesichts der Möglichkeit einer verantwortungslosen Nutzung der menschlichen Fähigkeiten gehört es zu den unaufschiebbaren Funktionen eines jeden Staates, innerhalb des eigenen Territoriums zu planen, zu koordinieren, zu überwachen und zu bestrafen. Wie regelt und beaufsichtigt eine Gesellschaft ihre Entwicklung in einem Kontext ständiger technischer Neuerungen? Ein Faktor, der als ordnende Kraft wirkt, ist das Recht, das unter Berücksichtigung des Gemeinwohls die Regeln für das zulässige Verhalten aufstellt. Die Grenzen, die eine gesunde, reife und souveräne Gesellschaft setzen muss, sind verknüpft mit: Vorausschau und Umsicht, angemessenen Reglementierungen, Überwachung der Anwendung der Vorschriften, Bekämpfung der Korruption, Aktionen wirksamer Kontrolle der unerwünschten Wirkungen der Produktionsprozesse und zweckmäßigem Eingreifen angesichts ungewisser oder möglicher Risiken. Die Rechtsprechung ist

in zunehmendem Maß darauf ausgerichtet, die Verschmutzungen durch unternehmerische Aktivitäten zu verringern. Doch der politische und institutionelle Rahmen existiert nicht nur, um Missstände zu vermeiden, sondern um die besten Verhaltensweisen zu fördern und die Kreativität anzuregen, die neue Wege sucht, um die persönlichen und kollektiven Initiativen zu erleichtern.

178. Das Drama der auf unmittelbare Ergebnisse ausgerichteten politischen Planung, die auch von Konsumgesellschaften vertreten wird, führt zu der Notwendigkeit, kurzfristig Wachstum zu erzeugen. Mit Rücksicht auf die Wahlen setzen die Regierungen sich nicht leicht der Gefahr aus, die Bevölkerung mit Maßnahmen zu verärgern, die dem Konsumniveau schaden oder Auslandsinvestitionen gefährden können. Die Kurzsichtigkeit beim Aufbau der Macht bremst die Aufnahme eines Umweltprogramms mit weiter Perspektive in die öffentliche Tagesordnung der Regierungen. So vergisst man, dass „die Zeit mehr wert ist als der Raum“[130]; dass wir immer dann fruchtbarer sind, wenn wir uns mehr darum kümmern, Prozesse auszulösen, als Räume der Macht zu beherrschen. Die politische Größe zeigt sich, wenn man in schwierigen Momenten nach bedeutenden Grundsätzen handelt und dabei an das langfristige Gemeinwohl denkt. Diese Pflicht in einem Projekt der Nation auf sich zu nehmen, kostet die politische Macht einen hohen Preis.

179. An einigen Orten werden Kooperativen für die Nutzung erneuerbarer Energien entwickelt, welche

die lokale Selbstversorgung einschließlich des Verkaufs der überschüssigen Produktion ermöglichen. Dieses einfache Beispiel zeigt: Während die existierende Weltordnung sich als unfähig erweist, Verantwortungen zu übernehmen, kann die örtliche Instanz einen Unterschied machen. Denn dort können sich in der Weise, wie man an das denkt, was man seinen Kindern und Enkeln hinterlässt, eine größere Verantwortlichkeit, ein starker Gemeinschaftssinn, eine besondere Fähigkeit zur Umsicht, eine großherzigere Kreativität und eine herzliche Liebe für das eigene Land bilden. Diese Werte sind in der einheimischen Bevölkerung sehr tief verwurzelt. Da sich das Recht aufgrund der Korruption manchmal als ungenügend erweist, ist eine politische Entscheidung auf Druck der Bevölkerung erforderlich. Über Nichtregierungsorganisationen und intermediäre Verbände muss die Gesellschaft die Regierungen verpflichten, rigorosere Vorschriften, Vorgehensweisen und Kontrollen zu entwickeln. Wenn die Bürger die nationale, regionale und kommunale politische Macht nicht kontrollieren, ist auch keine Kontrolle der Umweltschäden möglich. Andererseits können die Gesetze der Gemeinden wirksamer sein, wenn Vereinbarungen zwischen benachbarten Ortschaften bestehen, um die gleiche Umweltpolitik zu unterstützen.

180. An einheitliche Lösungsvorschläge ist nicht zu denken, denn jedes Land oder jede Region hat spezifische Probleme und Grenzen. Es ist auch wahr, dass der politische Realismus Übergangsmaßnahmen und -technologien erfordern kann, die allerdings immer von der Planung und der Annahme bindender stufen-

weiser Verpflichtungen begleitet sein sollen. Doch in den nationalen und lokalen Bereichen gibt es immer viel zu tun auf dem Gebiet der Förderung von Formen der Energieersparnis. Das schließt ein, industrielle Produktion mit maximaler Energieeffizienz und geringerer Menge an Rohstoffen zu begünstigen, indem man die Produkte vom Markt nimmt, die unter energetischem Aspekt wenig rationell oder die stärker umweltbelastend sind. Wir können auch eine gute Verwaltung des Verkehrswesens erwähnen oder Formen der Konstruktion und Sanierung von Gebäuden, durch die ihr Energieverbrauch und ihr Maß an Verunreinigung reduziert wird. Andererseits kann sich das kommunalpolitische Handeln auf die Mäßigung des Konsums ausrichten, auf die Entwicklung einer Entsorgungs- und Wiederverwertungswirtschaft, auf den Artenschutz und auf die Planung einer diversifizierten Landwirtschaft mit Fruchtwechsel. Es ist möglich, eine landwirtschaftliche Verbesserung der armen Regionen zu fördern durch Investitionen in ländliche Infrastrukturen, in die Organisation des lokalen oder nationalen Marktes, in Bewässerungsanlagen, in die Entwicklung nachhaltiger Agrartechniken und anderes. Man kann Formen der Zusammenarbeit oder der gemeinschaftlichen Organisation erleichtern, welche die Interessen der kleinen Erzeuger schützen und die örtlichen Ökosysteme vor der Plünderung bewahren. Es gibt so vieles, was man tun kann!

181. Unerlässlich ist die Kontinuität, denn man kann nicht mit jedem Regierungswechsel die mit dem Klimawandel und dem Umweltschutz verbundene Poli-

tik ändern. Die Ergebnisse erfordern viel Zeit und setzen unmittelbare Kosten voraus mit Wirkungen, die nicht innerhalb einer laufenden Regierungsperiode nachgewiesen werden können. Darum wird es ohne den Druck der Bevölkerung und der Institutionen immer Widerstand geben einzugreifen, sogar noch mehr, wenn es Notfälle zu lösen gilt. Dass ein Politiker diese Verantwortungen mit den dazugehörigen Kosten übernimmt, entspricht nicht der auf Effizienz und Unmittelbarkeit ausgerichteten Logik der aktuellen Wirtschaft und Politik, doch wenn er es zu tun wagt, wird er wieder die Würde erkennen, die Gott ihm als Menschen verliehen hat, und nach seinem Weg durch diese Geschichte ein Zeugnis großzügiger Verantwortlichkeit hinterlassen. Man muss einer soliden Politik den Vorrang geben, die die Institutionen zu reformieren und zu koordinieren vermag und die auch deren Betrieb ohne Pressionen und lasterhafte Trägheit gewährleistet. Freilich ist hinzuzufügen, dass die besten Vorkehrungen letztlich scheitern werden, wenn die großen Ziele, die Werte und eine humanistische, sinnerfüllte Auffassung fehlen, die jeder Gesellschaft eine edle und großherzige Orientierung verleihen.

III. DIALOG UND TRANSPARENZ IN DEN ENTSCHEIDUNGSPROZESSEN

182. Die Prognose der Umweltverträglichkeit der Unternehmen und Projekte erfordert transparente politische Prozesse, die dem Dialog unterworfen

sind, während die Korruption, welche die wirkliche Umweltbelastung eines Projektes um gewisser Vergünstigungen willen verheimlicht, gewöhnlich zu unlauteren Vereinbarungen führt, die sich Auskünften und eingehenden Erörterungen entziehen.

183. Eine Untersuchung der Umweltverträglichkeit dürfte nicht im Anschluss an die Erarbeitung eines Produktionsplanes oder irgendeiner Politik, einer Planung oder eines Programms stattfinden, die es zu entwickeln gilt. Sie muss von Anfang an einbezogen und bereichsübergreifend, transparent und unabhängig von jedem wirtschaftlichen oder politischen Druck ausgearbeitet werden. Sie muss mit einer Analyse der Arbeitsbedingungen und der möglichen Auswirkungen – zum Beispiel auf die physische und geistige Gesundheit der Menschen, auf die lokale Wirtschaft, auf die Sicherheit – verbunden sein. So kann man auf realistischere Weise Rückschlüsse auf die wirtschaftlichen Ergebnisse ziehen, indem man mögliche Szenerien berücksichtigt und eventuell der Notwendigkeit einer größeren Investition zur Lösung unerwünschter und korrigierbarer Wirkungen zuvorkommt. Immer ist es notwendig, den Konsens unter den verschiedenen gesellschaftlichen Akteuren einzuholen, die unterschiedliche Perspektiven, Lösungen und Alternativen beisteuern können. Einen privilegierten Platz in der Diskussion müssen jedoch die Einwohner vor Ort haben, die sich fragen, was sie für sich und für ihre Kinder wollen, und die auch Ziele in Betracht ziehen können, die das unmittelbare wirtschaftliche Interesse übersteigen. Man muss den Gedanken an „Eingriffe“ in die Umwelt aufgeben, um

zu einer von allen betroffenen Parteien durchdachten und diskutierten Politik zu kommen. Die Beteiligung verlangt, dass alle über die verschiedenen Aspekte sowie über die unterschiedlichen Risiken und Möglichkeiten angemessen informiert sind und dass sie nicht auf die Anfangsentscheidung über ein Projekt reduziert wird, sondern auch Maßnahmen zur Kontrolle oder der ständigen Überwachung einschließt. Es braucht Aufrichtigkeit und Wahrheit in den wissenschaftlichen und politischen Diskussionen, ohne sich darauf zu beschränken abzuwägen, was gesetzlich erlaubt ist oder nicht.

184. Wenn eventuelle Risiken für die Umwelt erscheinen, die das gegenwärtige oder zukünftige Gemeinwohl betreffen, verlangt die Situation, „dass alle Entscheidungen auf der Grundlage einer Gegenüberstellung der Risiken und der Vorteile jeder in Frage kommenden Alternative getroffen werden".[131] Das gilt vor allem, wenn ein Projekt einen erhöhten Verbrauch natürlicher Ressourcen, eine Zunahme von Emissionen oder Abfallprodukten, die Erzeugung von Rückständen oder eine bedeutende Veränderung der Landschaft, des Lebensraums geschützter Arten oder eines öffentlichen Raums verursachen kann. Einige nicht ausreichend analysierte Projekte können zutiefst die Lebensqualität eines Ortes schädigen aufgrund von so verschiedenen Fragen wie zum Beispiel eine nicht vorhergesehene Lärmbelästigung, die Beschränkung der Sichtweite, der Verlust kultureller Werte, die Auswirkungen des Gebrauchs von Nuklearenergie. Die Konsum-Kultur, die der Kurzfristigkeit und dem Privatinteresse den Vorrang gibt,

kann allzu schnelle Instanzenwege fördern oder die Verschleierung der Information zulassen.

185. Um zu erkennen, ob ein Unternehmen zu einer wahren ganzheitlichen Entwicklung beiträgt, müssten in der gesamten Diskussion die folgenden Fragestellungen bedacht werden: Wozu? Weshalb? Wo? Wann? In welcher Weise? Für wen? Welches sind die Risiken? Zu welchem Preis? Wer kommt für die Kosten auf, und wie wird er das tun? In dieser Prüfung gibt es Fragen, die den Vorrang haben müssen. Wir wissen zum Beispiel, dass das Wasser eine beschränkte und unerlässliche Ressource ist, und zudem ist es ein Grundrecht, das die Ausübung anderer Menschenrechte bedingt. Das steht außer Zweifel und stellt jede Analyse der Umweltschädigung einer Region in den Schatten.

186. In der Rio-Erklärung von 1992 heißt es: „Drohen schwerwiegende oder bleibende Schäden, so darf ein Mangel an vollständiger wissenschaftlicher Gewissheit kein Grund dafür sein, kostenwirksame Maßnahmen zur Vermeidung von Umweltverschlechterungen aufzuschieben.“[132] Dieses Prinzip der Vorbeugung gestattet den Schutz der Schwächsten, die kaum über Mittel verfügen, sich zu verteidigen und unumstößliche Nachweise zu erbringen. Wenn die objektive Information einen schweren und irreversiblen Schaden voraussehen lässt, müsste jedes Projekt, auch wenn es keine unbestreitbare Bestätigung gibt, gestoppt oder modifiziert werden. So wird die Beweislast umgekehrt, da in diesen Fällen ein objektiver und schlagender Nachweis dafür erbracht

werden muss, dass das Vorhaben keine schweren Schäden für die Umwelt und ihre Bewohner verursachen wird.

187. Das bedeutet nicht, sich jeglicher technischen Neuerung zu widersetzen, die eine Verbesserung der Lebensqualität einer Bevölkerung gestattet. Doch in jedem Fall muss der Grundsatz erhalten bleiben, dass die Rentabilität nicht das einzige Kriterium sein darf, das berücksichtigt wird, und dass in dem Moment, in dem mit wachsendem Kenntnisstand neue Elemente zur Beurteilung auftauchen, eine neue Bewertung unter Teilnahme aller betroffenen Parteien stattfinden müsste. Das Ergebnis der Diskussion könnte die Entscheidung sein, ein Projekt nicht weiterzuführen, es könnte aber auch dessen Veränderung oder die Entwicklung von Alternativvorschlägen sein.

188. Es gibt Diskussionen über Umweltfragen, in denen es schwierig ist, einen Konsens zu erreichen. Noch einmal betone ich, dass die Kirche nicht beansprucht, die wissenschaftlichen Fragen zu lösen, noch die Politik zu ersetzen, doch ich fordere zu einer ehrlichen und transparenten Debatte auf, damit Sonderbedürfnisse oder Ideologien nicht das Gemeinwohl schädigen.

IV. POLITIK UND WIRTSCHAFT IM DIALOG FÜR DIE VOLLE MENSCHLICHE ENTFALTUNG

189. Die Politik darf sich nicht der Wirtschaft unterwerfen, und diese darf sich nicht dem Diktat und dem effizienzorientierten Paradigma der Technokratie unterwerfen. Im Hinblick auf das Gemeinwohl besteht für uns heute die dringende Notwendigkeit, dass Politik und Wirtschaft sich im Dialog entschieden in den Dienst des Lebens stellen, besonders in den des menschlichen Lebens. Die Rettung der Banken um jeden Preis, indem man die Kosten dafür der Bevölkerung aufbürdet, ohne den festen Entschluss, das gesamte System zu überprüfen und zu reformieren, unterstützt eine absolute Herrschaft der Finanzen, die keine Zukunft besitzt und nach einer langwierigen, kostspieligen und scheinbaren Heilung nur neue Krisen hervorrufen kann. Die Finanzkrise von 2007-2008 war eine Gelegenheit für die Entwicklung einer neuen, gegenüber den ethischen Grundsätzen aufmerksameren Wirtschaft und für eine Regelung der spekulativen Finanzaktivität und des fiktiven Reichtums. Doch es gab keine Reaktion, die dazu führte, die veralteten Kriterien zu überdenken, die weiterhin die Welt regieren. Die Produktion ist nicht immer rational und pflegt an wirtschaftliche Variablen gebunden zu sein, die den Produkten einen Wert zuschreiben, der nicht ihrem wirklichen Wert entspricht. Das führt oft zu einer Überproduktion einiger Waren, mit einer unnötigen Umweltbelastung, die zugleich viele regionale Wirtschaftszweige beeinträchtigt.[133] Die Finanzblase pflegt auch eine Produktionsblase zu sein. Letztlich ist das, was nicht

energisch in Angriff genommen wird, das Problem der Realökonomie, die es möglich macht, dass die Produktion vielseitig gestaltet und verbessert wird, dass die Unternehmen angemessen funktionieren, dass die kleinen und mittleren Betriebe sich entwickeln und Arbeitsplätze schaffen.

190. In diesem Zusammenhang muss immer daran erinnert werden , dass „der Umweltschutz [...] nicht nur auf der Grundlage einer finanziellen Kostennutzenrechnung gewährleistet werden [kann]. Die Umwelt ist eines jener Güter, die die Mechanismen des Markts nicht in der angemessenen Form schützen oder fördern können.“[134] Wieder einmal ist es gut, eine magische Auffassung des Marktes zu vermeiden, die zu der Vorstellung neigt, dass sich die Probleme allein mit dem Anstieg der Gewinne der Betriebe oder der Einzelpersonen lösen. Ist es realistisch zu hoffen, dass derjenige, der auf den Maximalgewinn fixiert ist, sich mit dem Gedanken an die Umweltauswirkungen aufhält, die er den kommenden Generationen hinterlässt? Innerhalb des Schemas der Rendite ist kein Platz für Gedanken an die Rhythmen der Natur, an ihre Zeiten des Verfalls und der Regenerierung und an die Kompliziertheit der Ökosysteme, die durch das menschliche Eingreifen gravierend verändert werden können. Außerdem wird, wenn von biologischer Vielfalt die Rede ist, diese letztlich als ein Reservoir wirtschaftlicher Ressourcen betrachtet, das ausgebeutet werden könnte, doch man erwägt nicht ernstlich den realen Wert der Dinge, ihre Bedeutung für die Menschen und die Kulturen, die Interessen und Bedürfnisse der Armen.

191. Wenn diese Fragen aufgeworfen werden, reagieren einige mit der Anschuldigung, man wolle gegen alle Vernunft den Fortschritt und die menschliche Entwicklung aufhalten. Wir müssen uns jedoch davon überzeugen, dass die Verlangsamung eines gewissen Rhythmus von Produktion und Konsum Anlass zu einer anderen Art von Fortschritt und Entwicklung geben kann. Die Anstrengungen für eine nachhaltige Nutzung der natürlichen Ressourcen sind kein nutzloser Aufwand, sondern eine Investition, die mittelfristig andere wirtschaftliche Gewinne bieten kann. Wenn wir nicht engstirnig sind, können wir entdecken, dass die vielseitige Gestaltung einer mehr innovativen und weniger umweltschädlichen Produktion rentabler sein kann. Es geht darum, den Weg für andere Möglichkeiten zu öffnen, die nicht etwa bedeuten, die Kreativität des Menschen und seinen Sinn für Fortschritt zu bremsen, sondern diese Energie auf neue Anliegen hin auszurichten.

192. Ein kreativerer und besser ausgerichteter Weg der Produktionsentwicklung könnte zum Beispiel die Tatsache korrigieren, dass es einen übertriebenen technologischen Einsatz für den Konsum gibt und einen geringen, um die unerledigten Probleme der Menschheit zu lösen; er könnte kluge und rentable Formen von Wiederverwertung, Umfunktionierung und Recycling schaffen; er könnte die Energieeffizienz der Städte verbessern und vieles mehr. Die breite Auffächerung der Produktion bietet der menschlichen Intelligenz äußerst vielfältige Möglichkeiten, zu gestalten und zu erneuern, während sie zugleich die Umwelt schützt und mehr Arbeitsplätze schafft. Das

wäre eine Kreativität, die fähig ist, den eigentlichen Adel des Menschen neu erblühen zu lassen, denn es ist würdiger, mutig und verantwortungsvoll die Intelligenz einzusetzen, um im Rahmen eines weiteren Verständnisses dessen, was die Lebensqualität ausmacht, Formen nachhaltiger und gerechter Entwicklung zu finden. Umgekehrt ist es eher unwürdig, oberflächlich und weniger kreativ, auf der Schaffung von Formen der Ausplünderung der Natur zu beharren, nur um neue Möglichkeiten des Konsums und der unmittelbaren Rendite zu bieten.

193. Wenn in einigen Fällen die nachhaltige Entwicklung neue Formen des Wachstums mit sich bringen wird, muss man immerhin in anderen Fällen angesichts des unersättlichen und unverantwortlichen Wachstums, das Jahrzehntelang stattgefunden hat, auch daran denken, die Gangart ein wenig zu verlangsamen, indem man einige vernünftige Grenzen setzt und sogar umkehrt, bevor es zu spät ist. Wir wissen, dass das Verhalten derer, die mehr und mehr konsumieren und zerstören, während andere noch nicht entsprechend ihrer Menschenwürde leben können, unvertretbar ist. Darum ist die Stunde gekommen, in einigen Teilen der Welt eine gewisse Rezession zu akzeptieren und Hilfen zu geben, damit in anderen Teilen ein gesunder Aufschwung stattfinden kann. Benedikt XVI. hat gesagt, dass „die technologisch fortgeschrittenen Gesellschaften bereit sein [müssen], Verhaltensweisen zu fördern, die von einem Maßhalten geprägt sind, indem sie den eigenen Energiebedarf reduzieren und die Nutzungsbedingungen verbessern“.[135]

194. Damit neue Leitbilder für den Fortschritt aufkommen, müssen wir „das Modell globaler Entwicklung in eine [andere] Richtung ... lenken“[136], was einschließt, „über den Sinn der Wirtschaft und über ihre Ziele nachzudenken, um Missstände und Verzerrungen zu korrigieren“.[137] Es genügt nicht, die Pflege der Natur mit dem finanziellen Ertrag oder die Bewahrung der Umwelt mit dem Fortschritt in einem Mittelweg zu vereinbaren. In diesem Zusammenhang sind die Mittelwege nur eine kleine Verzögerung des Zusammenbruchs. Es geht schlicht darum, den Fortschritt neu zu definieren. Eine technologische und wirtschaftliche Entwicklung, die nicht eine bessere Welt und eine im Ganzen höhere Lebensqualität hinterlässt, kann nicht als Fortschritt betrachtet werden. Andererseits nimmt oft die wirkliche Lebensqualität der Menschen im Zusammenhang mit einem Wirtschaftswachstum ab, und zwar wegen der Zerstörung der Umwelt, wegen der niedrigen Qualität der eigenen Nahrungsmittel oder durch die Erschöpfung einiger Ressourcen. In diesem Rahmen pflegt sich die Rede vom nachhaltigen Wachstum in eine ablenkende und rechtfertigende Gegenrede zu verwandeln, die Werte der ökologischen Überlegung in Anspruch nimmt und in die Logik des Finanzwesens und der Technokratie eingliedert, und die soziale wie umweltbezogene Verantwortlichkeit der Unternehmen wird dann gewöhnlich auf eine Reihe von Aktionen zur Verbraucherforschung und Image-Pflege reduziert.

195. Das Prinzip der Gewinnmaximierung, das dazu neigt, sich von jeder anderen Betrachtungsweise abzukapseln, ist eine Verzerrung des Wirtschafts-

begriffs: Wenn die Produktion steigt, kümmert es wenig, dass man auf Kosten der zukünftigen Ressourcen oder der Gesundheit der Umwelt produziert; wenn die Abholzung eines Waldes die Produktion erhöht, wägt niemand in diesem Kalkül den Verlust ab, der in der Verwüstung eines Territoriums, in der Beschädigung der biologischen Vielfalt oder in der Erhöhung der Umweltverschmutzung liegt. Das bedeutet, dass die Unternehmen Gewinne machen, indem sie einen verschwindend kleinen Teil der Kosten einkalkulieren und tragen. Als ethisch könnte nur ein Verhalten betrachtet werden, in dem „die wirtschaftlichen und sozialen Kosten für die Benutzung der allgemeinen Umweltressourcen offen dargelegt sowie von den Nutznießern voll getragen werden und nicht von anderen Völkern oder zukünftigen Generationen".[138] Die zweckgebundene Rationalität, die nur eine statische Analyse der Wirklichkeit im Hinblick auf die aktuellen Bedürfnisse liefert, ist sowohl im Spiel, wenn es der Markt ist, der die Mittel zuteilt, als auch wenn dies ein planwirtschaftlich geführter Staat tut.

196. Was geschieht mit der Politik? Wir erinnern an das Prinzip der Subsidiarität, das auf allen Ebenen Freiheit für die Entwicklung der vorhandenen Fähigkeiten gewährt, zugleich aber von dem, der mehr Macht besitzt, mehr Verantwortlichkeit für das Gemeinwohl fordert. Es ist wahr, dass heute einige Wirtschaftszweige mehr Macht ausüben, als die Staaten selbst. Man kann aber nicht eine Wirtschaft ohne Politik rechtfertigen – sie wäre unfähig, eine andere Logik zu begünstigen, die die verschiedenen

Aspekte der gegenwärtigen Krise lenken könnte. Die Logik, von der man keine aufrichtige Sorge um die Umwelt erwarten kann, lässt auch nicht erwarten, dass sie besorgt ist, die Schwächsten einzubeziehen, denn „in dem geltenden »privatrechtlichen« Erfolgsmodell scheint es wenig sinnvoll, zu investieren, damit diejenigen, die auf der Strecke geblieben sind, die Schwachen oder die weniger Begabten es im Leben zu etwas bringen können“.[139]

197. Wir brauchen eine Politik, deren Denken einen weiten Horizont umfasst und die einem neuen, ganzheitlichen Ansatz zum Durchbruch verhilft, indem sie die verschiedenen Aspekte der Krise in einen interdisziplinären Dialog aufnimmt. Oft ist die Politik selbst für den Verlust ihres Ansehens verantwortlich, aufgrund von Korruption oder wegen des Mangels an guter öffentlicher Politik. Wenn der Staat in einer Region seine Rolle nicht erfüllt, können einige Wirtschaftsgruppen als Wohltäter auftreten und unrechtmäßig die reale Macht übernehmen, indem sie sich bevollmächtigt fühlen, gewisse Normen nicht einzuhalten, und sogar Anlass geben zu verschiedenen Formen organisierter Kriminalität, zu Menschenhandel, Drogenhandel und Gewalt – Übel, die sehr schwer auszurotten sind. Wenn die Politik nicht imstande ist, eine perverse Logik zu durchbrechen, und wenn auch sie nicht über armselige Reden hinauskommt, werden wir weitermachen, ohne die großen Probleme der Menschheit in Angriff zu nehmen. Eine Strategie für eine wirkliche Veränderung verlangt, die Gesamtheit der Vorgänge zu überdenken, denn es reicht nicht, oberflächliche ökologische

Überlegungen einzubeziehen, während man nicht die Logik infrage stellt, die der gegenwärtigen Kultur zugrunde liegt. Eine gesunde Politik müsste fähig sein, diese Herausforderung anzunehmen.

198. Die Politik und die Wirtschaft neigen dazu, sich in Sachen Armut und Umweltzerstörung gegenseitig die Schuld zuzuschieben. Was man jedoch erwartet, ist, dass sie ihre eigenen Fehler erkennen und Formen des Zusammenwirkens finden, die auf das Gemeinwohl ausgerichtet sind. Während die einen nur verzweifelt nach wirtschaftlicher Rendite streben und die anderen nur besessen darauf sind, die Macht zu bewahren oder zu steigern, haben wir als Ergebnis Kriege oder unlautere Vereinbarungen, bei denen es beiden Teilen am wenigsten darum geht, die Umwelt zu schützen und für die Schwächsten zu sorgen. Auch hier gilt: „Die Einheit steht über dem Konflikt."[140]

V. DIE RELIGIONEN IM DIALOG MIT DEN WISSENSCHAFTEN

199. Man kann nicht behaupten, dass die empirischen Wissenschaften das Leben, die Verflechtung aller Geschöpfe und das Ganze der Wirklichkeit völlig erklären. Das hieße, ihre engen methodologischen Grenzen ungebührlich zu überschreiten. Wenn man in diesem geschlossenen Rahmen denkt, verschwinden das ästhetische Empfinden, die Poesie und sogar die Fähigkeit der Vernunft, den Sinn und den

Zweck der Dinge zu erkennen.[141]] Ich möchte daran erinnern, dass „die klassischen religiösen Texte für alle Zeiten von Bedeutung sein können und eine motivierende Kraft besitzen, die immer neue Horizonte öffnet [...] Ist es vernünftig und intelligent, sie in die Verborgenheit zu verbannen, nur weil sie im Kontext einer religiösen Überzeugung entstanden sind?“[142] Eigentlich ist es naiv zu meinen, die ethischen Grundsätze könnten völlig abstrakt und aus ihrem gesamten Kontext herausgelöst dargelegt werden; die Tatsache, dass sie in einer religiösen Sprache erscheinen, mindert in keiner Weise ihren Wert in der öffentlichen Debatte. Die ethischen Grundsätze, die der Verstand wahrzunehmen vermag, können immer wieder in einem anderen Gewand auftreten und in verschiedenen Sprachen ausgedrückt werden, einschließlich der religiösen.

200. Andererseits wird jede technische Lösung, die die Wissenschaften beisteuern wollen, machtlos sein, die schweren Probleme der Welt zu lösen, wenn die Menschheit von ihrem Kurs abkommt, wenn die großen Beweggründe, die das Zusammenleben, das Opfer und die Güte möglich machen, in Vergessenheit geraten. In jedem Fall wird man an die Glaubenden appellieren müssen, in Übereinstimmung mit ihrem Glauben zu leben und ihm nicht mit ihrem Tun zu widersprechen; man wird sie ermahnen müssen, sich wieder der Gnade Gottes zu öffnen und zutiefst aus den eigenen Überzeugungen von Liebe, Gerechtigkeit und Frieden zu schöpfen. Wenn ein falsches Verständnis unserer eigenen Grundsätze uns auch manchmal dazu geführt hat, die schlechte Be-

handlung der Natur oder die despotische Herrschaft des Menschen über die Schöpfung oder die Kriege, die Ungerechtigkeit und die Gewalt zu rechtfertigen, können wir Glaubenden erkennen, dass wir auf diese Weise dem Schatz an Weisheit, den wir hätten hüten müssen, untreu gewesen sind. Oftmals haben die kulturellen Grenzen verschiedener Zeiten dieses Bewusstsein des eigenen ethischen und geistlichen Erbes beeinträchtigt, doch gerade der Rückgriff auf dessen Quellen gestattet den Religionen, besser auf die gegenwärtigen Bedürfnisse zu reagieren.

201. Der größte Teil der Bewohner des Planeten bezeichnet sich als Glaubende, und das müsste die Religionen veranlassen, einen Dialog miteinander aufzunehmen, der auf die Schonung der Natur, die Verteidigung der Armen und den Aufbau eines Netzes der gegenseitigen Achtung und der Geschwisterlichkeit ausgerichtet ist. Dringend ist auch ein Dialog unter den Wissenschaften selbst, denn jede von ihnen pflegt sich in die Grenzen ihrer eigenen Sprache zurückzuziehen, und die Spezialisierung neigt dazu, sich in Abschottung und in eine Verabsolutierung des eigenen Wissens zu verwandeln. Das verhindert, die Umweltprobleme in geeigneter Weise anzugehen. Ebenfalls wird ein offener und freundlicher Dialog zwischen den verschiedenen Ökologiebewegungen notwendig, wo es nicht an ideologischen Kämpfen fehlt. Die Schwere der ökologischen Krise verlangt von uns allen, an das Gemeinwohl zu denken und auf einem Weg des Dialogs voranzugehen, der Geduld, Askese und Großherzigkeit erfordert, immer eingedenk des Grundsatzes: „Die Wirklichkeit steht über der Idee.“[143]

KLIMA-
WANDEL
RECHTS-
EXTREMISMUS
PLASTIK-
MÜLL
INFLA-
TION
2022

kleines Pf

offnung

SECHSTES KAPITEL
ÖKOLOGISCHE ERZIEHUNG UND SPIRITUALITÄT

202. Viele Dinge müssen ihren Lauf neu orientieren, vor allem aber muss die Menschheit sich ändern. Es fehlt das Bewusstsein des gemeinsamen Ursprungs, einer wechselseitigen Zugehörigkeit und einer von allen geteilten Zukunft. Dieses Grundbewusstsein würde die Entwicklung neuer Überzeugungen, Verhaltensweisen und Lebensformen erlauben. So zeichnet sich eine große kulturelle, spirituelle und erzieherische Herausforderung ab, die langwierige Regenerationsprozesse beinhalten wird.

I. AUF EINEN ANDEREN LEBENSSTIL SETZEN

203. Da der Markt dazu neigt, einen unwiderstehlichen Konsum-Mechanismus zu schaffen, um seine Produkte abzusetzen, versinken die Menschen schließlich in einem Strudel von unnötigen Anschaffungen und Ausgaben. Der zwanghafte Konsumismus ist das subjektive Spiegelbild des techno-ökonomischen Paradigmas. Es geschieht das, worauf schon Romano Guardini hingewiesen hat: Der Mensch „nimmt [...] Gebrauchsdinge und Lebensformen an, wie sie ihm von der rationalen Planung und den genormten Maschinenprodukten aufgenötigt werden, und tut dies im Großen und Ganzen mit dem Gefühl,

so sei es vernünftig und richtig".[144] Dieses Modell wiegt alle in dem Glauben, frei zu sein, solange sie eine vermeintliche Konsumfreiheit haben, während in Wirklichkeit jene Minderheit die Freiheit besitzt, welche die wirtschaftliche und finanzielle Macht innehat. In dieser Unklarheit hat die postmoderne Menschheit kein neues Selbstverständnis gefunden, das sie orientieren kann, und dieser Mangel an Identität wird mit Angst erfahren. Wir haben allzu viele Mittel für einige dürftige und magere Ziele.

204. Die gegenwärtige Situation der Welt „schafft ein Gefühl der Ungewissheit und der Unsicherheit, das seinerseits Formen von kollektivem Egoismus [...] begünstigt".[145] Wenn die Menschen selbstbezogen werden und sich in ihrem eigenen Gewissen isolieren, werden sie immer unersättlicher. Während das Herz des Menschen immer leerer wird, braucht er immer nötiger Dinge, die er kaufen, besitzen und konsumieren kann. In diesem Kontext scheint es unmöglich, dass irgendjemand akzeptiert, dass die Wirklichkeit ihm Grenzen setzt. Ebenso wenig existiert in diesem Gesichtskreis ein wirkliches Gemeinwohl. Wenn dieser Menschentyp in einer Gesellschaft tendenziell der vorherrschende ist, werden die Normen nur in dem Maß respektiert werden, wie sie nicht den eigenen Bedürfnissen zuwiderlaufen. Deshalb denken wir nicht nur an die Möglichkeit schrecklicher klimatischer Phänomene oder an große Naturkatastrophen, sondern auch an Katastrophen, die aus sozialen Krisen hervorgehen, denn die Versessenheit auf einen konsumorientierten Lebensstil kann – vor allem, wenn nur einige wenige

ihn pflegen können – nur Gewalt und gegenseitige Zerstörung auslösen.

205. Trotzdem ist nicht alles verloren, denn die Menschen, die fähig sind, sich bis zum Äußersten herabzuwürdigen, können sich auch beherrschen, sich wieder für das Gute entscheiden und sich bessern, über alle geistigen und sozialen Konditionierungen hinweg, die sich ihnen aufdrängen. Sie sind fähig, sich selbst ehrlich zu betrachten, ihren eigenen Überdruss aufzudecken und neue Wege zur wahren Freiheit einzuschlagen. Es gibt keine Systeme, die die Offenheit für das Gute, die Wahrheit und die Schönheit vollkommen zunichte machen und die Fähigkeit aufheben, dem zu entsprechen. Diese Fähigkeit ist es ja, der Gott von der Tiefe des menschlichen Herzens aus fortwährend Antrieb verleiht. Jeden Menschen dieser Welt bitte ich, diese seine Würde nicht zu vergessen; niemand hat das Recht, sie ihm zu nehmen.

206. Eine Änderung der Lebensstile könnte dazu führen, einen heilsamen Druck auf diejenigen auszuüben, die politische, wirtschaftliche und soziale Macht besitzen. Das ist es, was die Verbraucherbewegungen erreichen, die durch den Boykott gewisser Produkte auf das Verhalten der Unternehmen ändernd einwirken und sie zwingen, die Umweltbelastung und die Produktionsmuster zu überdenken. Es ist eine Tatsache, dass die Unternehmen, wenn die Gewohnheiten der Gesellschaft ihre Rendite gefährden, sich genötigt sehen, ihre Produktionsweise zu ändern. Das erinnert uns an die soziale Verantwortung der Verbraucher. „Das Kaufen [ist] nicht nur

ein wirtschaftlicher Akt, sondern immer auch eine moralische Handlung."[146] Daher ruft heute „das Thema der Umweltverschmutzung das Verhalten eines jeden von uns [...] zur Rechenschaft".[147]

207. Die Erd-Charta lud uns alle ein, eine Zeit der Selbstzerstörung hinter uns zu lassen und neu anzufangen, doch wir haben noch kein universales Bewusstsein entwickelt, das dies möglich macht. Deshalb wage ich, jene wertvolle Herausforderung erneut vorzubringen: „Wie nie zuvor in der Geschichte der Menschheit fordert uns unser gemeinsames Schicksal dazu auf, einen neuen Anfang zu wagen [...] Lasst uns unsere Zeit so gestalten, dass man sich an sie erinnern wird als eine Zeit, in der eine neue Ehrfurcht vor dem Leben erwachte, als eine Zeit, in der nachhaltige Entwicklung entschlossen auf den Weg gebracht wurde, als eine Zeit, in der das Streben nach Gerechtigkeit und Frieden neuen Auftrieb bekam, und als eine Zeit der freudigen Feier des Lebens."[148]

208. Immer ist es möglich, wieder die Fähigkeit zu entwickeln, aus sich heraus- und auf den anderen zuzugehen. Ohne sie erkennt man die anderen Geschöpfe nicht in ihrem Eigenwert, ist nicht daran interessiert, etwas für die anderen zu tun, und ist nicht imstande, sich Grenzen zu setzen, um das Leiden oder die Schädigung unserer Umgebung zu vermeiden. Die Grundhaltung des Sich-selbst-Überschreitens, indem man das abgeschottete Bewusstsein und die Selbstbezogenheit durchbricht, ist die Wurzel aller Achtsamkeit gegenüber den anderen und der Umwelt. Und sie ist es auch, die die moralische Reaktion hervorbringt,

die Wirkung zu erwägen, die jedes Tun und jede persönliche Entscheidung außerhalb des eigenen Selbst auslöst. Wenn wir fähig sind, den Individualismus zu überwinden, kann sich wirklich ein alternativer Lebensstil entwickeln, und eine bedeutende Veränderung in der Gesellschaft wird möglich.

II. ERZIEHUNG ZUM BÜNDNIS ZWISCHEN DER MENSCHHEIT UND DER UMWELT

209. Das Bewusstsein der Ernsthaftigkeit der kulturellen und ökologischen Krise muss in neuen Gewohnheiten zum Ausdruck kommen. Viele wissen, dass der gegenwärtige Fortschritt und die bloße Häufung von Gegenständen und Vergnügen nicht ausreichen, um dem menschlichen Herzen Sinn zu verleihen und Freude zu schenken, doch sie fühlen sich nicht fähig, auf das zu verzichten, was der Markt ihnen bietet. In den Ländern, welche die größten Änderungen der Konsumgewohnheiten erbringen müssten, haben die Jugendlichen ein neues ökologisches Empfinden und eine großzügige Gesinnung, und einige von ihnen kämpfen in bewundernswerter Weise für den Umweltschutz, doch sie sind in einem Kontext außerordentlich hohen Konsums und Wohlstands aufgewachsen, der die Entwicklung anderer Gewohnheiten erschwert. Darum stehen wir vor einer erzieherischen Herausforderung.

210. Die Umwelterziehung hat ihre Ziele erweitert. Wenn sie anfangs die wissenschaftliche Informa-

tion sowie die Bewusstmachung und Vermeidung von Umweltgefahren sehr in den Mittelpunkt stellte, neigt sie jetzt dazu, eine Kritik an den auf der instrumentellen Vernunft beruhenden „Mythen" der Moderne (Individualismus, undefinierter Fortschritt, Konkurrenz, Konsumismus, regelloser Markt) einzuschließen und auch die verschiedenen Ebenen des ökologischen Gleichgewichts zurückzugewinnen: das innere Gleichgewicht mit sich selbst, das solidarische mit den anderen, das natürliche mit allen Lebewesen und das geistliche mit Gott. Die Umwelterziehung müsste uns darauf vorbereiten, diesen Sprung in Richtung auf das Mysterium zu vollziehen, von dem aus eine ökologische Ethik ihren tiefsten Sinn erlangt. Andererseits gibt es Erzieher, die fähig sind, pädagogische Wege einer ökologischen Ethik neu zu entwerfen, so dass sie tatsächlich helfen, in der Solidarität, der Verantwortlichkeit und der auf dem Mitgefühl beruhenden Achtsamkeit zu wachsen.

211. Dennoch beschränkt sich diese Erziehung, die berufen ist, ein „ökologisches Bürgertum" zu schaffen, manchmal darauf zu informieren und erreicht es nicht, Gewohnheiten zu entwickeln. Die Existenz von Gesetzen und Regeln reicht auf lange Sicht nicht aus, um die schlechten Verhaltensweisen einzuschränken, selbst wenn eine wirksame Kontrolle vorhanden ist. Damit die Rechtsnorm bedeutende und dauerhafte Wirkungen hervorbringt, ist es notwendig, dass der größte Teil der Mitglieder der Gesellschaft sie aufgrund von geeigneten Motivierungen akzeptiert hat und aus einer persönlichen Verwandlung heraus reagiert. Nur von der Pflege solider Tugenden aus

ist eine Selbsthingabe in einem ökologischen Engagement möglich. Wenn jemand, obwohl seine wirtschaftlichen Verhältnisse ihm erlauben, mehr zu verbrauchen und auszugeben, sich gewohnheitsgemäß etwas wärmer anzieht, anstatt die Heizung anzuzünden, bedeutet das, dass er Überzeugungen und eine Gesinnung angenommen hat, die den Umweltschutz begünstigen. Es ist sehr nobel, es sich zur Pflicht zu machen, mit kleinen alltäglichen Handlungen für die Schöpfung zu sorgen, und es ist wunderbar, wenn die Erziehung imstande ist, dazu anzuregen, bis es zum Lebensstil wird. Die Erziehung zur Umweltverantwortung kann verschiedene Verhaltensweisen fördern, die einen unmittelbaren und bedeutenden Einfluss auf den Umweltschutz haben, wie die Vermeidung des Gebrauchs von Plastik und Papier, die Einschränkung des Wasserverbrauchs, die Trennung der Abfälle, nur so viel zu kochen, wie man vernünftigerweise essen kann, die anderen Lebewesen sorgsam zu behandeln, öffentliche Verkehrsmittel zu benutzen oder ein Fahrzeug mit mehreren Personen zu teilen, Bäume zu pflanzen, unnötige Lampen auszuschalten. All das gehört zu einer großherzigen und würdigen Kreativität, die das Beste des Menschen an den Tag legt. Etwas aus tiefen Beweggründen wiederzuverwerten, anstatt es schnell wegzuwerfen, kann eine Handlung der Liebe sein, die unsere eigene Würde zum Ausdruck bringt.

212. Man soll nicht meinen, dass diese Bemühungen die Welt nicht verändern. Diese Handlungen verbreiten Gutes in der Gesellschaft, das über das Feststellbare hinaus immer Früchte trägt, denn sie ver-

ursachen im Schoß dieser Erde etwas Gutes, das stets dazu neigt, sich auszubreiten, manchmal unsichtbar. Außerdem gibt uns ein solches Verhalten das Gefühl der eigenen Würde zurück, führt uns zu einer größeren Lebenstiefe und schenkt uns die Erfahrung, dass das Leben in dieser Welt lebenswert ist.

213. Die Bereiche, in denen die Erziehung stattfindet, sind verschieden: die Schule, die Familie, die Kommunikationsmittel, die Katechese und andere. Eine gute schulische Erziehung in jungen Jahren sät etwas aus, das ein Leben lang Auswirkungen haben kann. Ich möchte jedoch die zentrale Bedeutung der Familie hervorheben, denn „sie ist der Ort, an dem das Leben, Gabe Gottes, in angemessener Weise angenommen und gegen die vielfältigen Angriffe, denen es ausgesetzt ist, geschützt wird und wo es sich entsprechend den Forderungen eines echten menschlichen Wachstums entfalten kann. Gegen die sogenannte Kultur des Todes stellt die Familie den Sitz der Kultur des Lebens dar.“[149] In der Familie werden die ersten Gewohnheiten der Liebe und Sorge für das Leben gehegt, wie zum Beispiel der rechte Gebrauch der Dinge, Ordnung und Sauberkeit, die Achtung des örtlichen Ökosystems und der Schutz aller erschaffenen Wesen. Die Familie ist der Ort der ganzheitlichen Erziehung, wo sich die verschiedenen Momente der persönlichen Reifung ausformen, die eng miteinander verbunden sind. In der Familie lernt man, um Erlaubnis zu bitten, ohne andere zu überfahren, „danke“ zu sagen als Ausdruck einer aufrichtigen Wertschätzung dessen, was wir empfangen, Aggressivität oder Unersättlichkeit zu beherrschen

und um Verzeihung zu bitten, wenn wir irgendeinen Schaden angerichtet haben. Diese kleinen Gesten ehrlicher Höflichkeit helfen, eine Kultur des Zusammenlebens und der Achtung gegenüber unserer Umgebung aufzubauen.

214. Es ist Sache der Politik und der verschiedenen Vereinigungen, sich um eine Sensibilisierung der Bevölkerung zu bemühen. Auch der Kirche kommt diese Aufgabe zu. Alle christlichen Gemeinschaften haben bei dieser Erziehung eine wichtige Rolle zu erfüllen. Ich hoffe auch, dass in unseren Seminaren und den Ausbildungsstätten der Orden zu einer verantwortlichen Genügsamkeit, zur dankerfüllten Betrachtung der Welt und zur Achtsamkeit gegenüber der Schwäche der Armen und der Umwelt erzogen wird. Da viel auf dem Spiel steht, sind nicht nur Institutionen notwendig, die die Macht besitzen, Sanktionen gegen Umweltattacken zu verhängen, sondern ebenso notwendig ist es, dass auch wir uns gegenseitig kontrollieren und erziehen.

215. In diesem Zusammenhang „darf die Beziehung, die zwischen einer angemessenen ästhetischen Erziehung und der Erhaltung einer gesunden Umwelt besteht, nicht vernachlässigt werden".[150] Auf die Schönheit zu achten und sie zu lieben hilft uns, aus dem utilitaristischen Pragmatismus herauszukommen. Wenn jemand nicht lernt innezuhalten, um das Schöne wahrzunehmen und zu würdigen, ist es nicht verwunderlich, dass sich für ihn alles in einen Gegenstand verwandelt, den er gebrauchen oder skrupellos missbrauchen kann. Zugleich muss man,

wenn man tiefgreifende Veränderungen erzielen will, berücksichtigen, dass die Denkmuster wirklich die Verhaltensweisen beeinflussen. Die Erziehung wird unwirksam, und ihre Anstrengungen werden unfruchtbar sein, wenn sie nicht auch dafür sorgt, ein neues Bild vom Menschen, vom Leben, von der Gesellschaft und von der Beziehung zur Natur zu verbreiten. Andernfalls wird das auf Konsum ausgerichtete Modell, das durch die Kommunikationsmittel und über die wirkungsvollen Räderwerke des Marktes übermittelt wird, weiter fortschreiten.

III. DIE ÖKOLOGISCHE UMKEHR

216. Der große Reichtum der christlichen Spiritualität, der im Laufe von zwanzig Jahrhunderten aus persönlichen und gemeinschaftlichen Erfahrungen hervorgegangen ist, bietet einen schönen Beitrag zu dem Versuch, die Menschheit zu erneuern. Ich möchte den Christen einige Leitlinien ökologischer Spiritualität vorschlagen, die aus den Überzeugungen unseres Glaubens entspringen, denn was das Evangelium uns lehrt, hat Konsequenzen für unsere Art zu denken, zu empfinden und zu leben. Es geht darum, nicht so sehr über Ideen, sondern vor allem über die Beweggründe zu sprechen, die sich aus der Spiritualität ergeben, um eine Leidenschaft für den Umweltschutz zu fördern. Denn es wird nicht möglich sein, sich für große Dinge zu engagieren allein mit Lehren, ohne eine „Mystik", die uns beseelt, ohne „innere Beweggründe, die das persönliche und ge-

meinschaftliche Handeln anspornen, motivieren, ermutigen und ihm Sinn verleihen".[151] Wir müssen zugeben, dass wir Christen den Reichtum, den Gott der Kirche geschenkt hat, nicht immer aufgenommen und weiterentwickelt haben - ein Reichtum, in dem die Spiritualität nicht von der Leiblichkeit, noch von der Natur oder den Wirklichkeiten dieser Welt getrennt ist, sondern damit und darin gelebt wird, in Gemeinschaft mit allem, was uns umgibt.

217. Wenn „die äußeren Wüsten [...] in der Welt [wachsen], weil die inneren Wüsten so groß geworden sind",[152] ist die Umweltkrise ein Aufruf zu einer tiefgreifenden inneren Umkehr. Doch wir müssen auch zugeben, dass einige engagierte und betende Christen unter dem Vorwand von Realismus und Pragmatismus gewöhnlich die Umweltsorgen bespötteln. Andere sind passiv, entschließen sich nicht dazu, ihre Gewohnheiten zu ändern, und werden inkohärent. Es fehlt ihnen also eine *ökologische Umkehr*, die beinhaltet, alles, was ihnen aus ihrer Begegnung mit Jesus Christus erwachsen ist, in ihren Beziehungen zu der Welt, die sie umgibt, zur Blüte zu bringen. Die Berufung, Beschützer des Werkes Gottes zu sein, praktisch umzusetzen gehört wesentlich zu einem tugendhaften Leben; sie ist nicht etwas Fakultatives, noch ein sekundärer Aspekt der christlichen Erfahrung.

218. Wir erinnern an das Vorbild des heiligen Franziskus von Assisi, um eine gesunde Beziehung zur Schöpfung als eine Dimension der vollständigen Umkehr des Menschen vorzuschlagen. Das schließt auch

ein, die eigenen Fehler, Sünden, Laster oder Nachlässigkeiten einzugestehen und sie von Herzen zu bereuen, sich von innen her zu ändern. Die australischen Bischöfe haben die Umkehr im Sinn einer Versöhnung mit der Schöpfung ausgedrückt: „Um diese Versöhnung zu verwirklichen, müssen wir unser Leben prüfen und erkennen, auf welche Weise wir die Schöpfung Gottes durch unser Handeln und durch unsere Unfähigkeit zu handeln geschädigt haben. Wir müssen eine Umkehr bzw. einen Wandel des Herzens erfahren.“[153]

219. Allerdings ist es zur Lösung einer so komplexen Situation wie der, mit der sich die Welt von heute auseinandersetzen muss, nicht genug, dass jeder Einzelne sich bessert. Die isolierten Einzelpersonen können ihre Fähigkeit und ihre Freiheit verlieren, die Logik der instrumentellen Vernunft zu überwinden, und sind schließlich einem Konsumismus ohne Ethik und ohne soziales und umweltbezogenes Empfinden ausgeliefert. Auf soziale Probleme muss mit Netzen der Gemeinschaft reagiert werden, nicht mit der bloßen Summe individueller positiver Beiträge: „Die Anforderungen dieses Werkes werden so ungeheuer sein, dass sie aus den Möglichkeiten der individuellen Initiative und des Zusammenschlusses individualistisch geformter Einzelner nicht zu lösen sind. Es wird einer Sammlung der Kräfte und einer Einheit der Leistung bedürfen.“[154] Die ökologische Umkehr, die gefordert ist, um eine Dynamik nachhaltiger Veränderung zu schaffen, ist auch eine gemeinschaftliche Umkehr.

220. Diese Umkehr setzt verschiedene Grundeinstellungen voraus, die sich miteinander verbinden, um ein großherziges und von Zärtlichkeit erfülltes Umweltengagement in Gang zu bringen. An erster Stelle schließt es Dankbarkeit und Unentgeltlichkeit ein, das heißt ein Erkennen der Welt als ein von der Liebe des himmlischen Vaters erhaltenes Geschenk. Daraus folgt, dass man Verzicht übt, ohne eine Gegenleistung zu erwarten, und großzügig handelt, auch wenn niemand es sieht oder anerkennt: „Deine linke Hand [soll] nicht wissen, was deine rechte tut [...] und dein Vater, der auch das Verborgene sieht, wird es dir vergelten“ (*Mt* 6,3-4). Es schließt auch das liebevolle Bewusstsein ein, nicht von den anderen Geschöpfen getrennt zu sein, sondern mit den anderen Wesen des Universums eine wertvolle allumfassende Gemeinschaft zu bilden. Der Glaubende betrachtet die Welt nicht von außen, sondern von innen her und erkennt die Bande, durch die der himmlische Vater uns mit allen Wesen verbunden hat. Da die ökologische Umkehr die besonderen Fähigkeiten, die Gott ihm verliehen hat, wachsen lässt, bringt sie den Glaubenden außerdem dazu, seine Kreativität zu entfalten und seine Begeisterung zu steigern, um die Dramen der Welt zu lösen und sich selbst „als lebendiges und heiliges Opfer darzubringen, das Gott gefällt“ (*Röm* 12,1). Er versteht seine Überlegenheit nicht als Anlass für persönlichen Ruhm oder als Beweggrund für eine unverantwortliche Herrschaft, sondern als eine andere Fähigkeit, die ihm ihrerseits eine schwere Verantwortung auferlegt, die seinem Glauben entspringt.

221. Einige Überzeugungen unseres Glaubens, die zu Beginn dieser Enzyklika dargelegt wurden – wie das Bewusstsein, dass jedes Geschöpf etwas von Gott widerspiegelt und eine Botschaft hat, die uns etwas lehren kann, oder die Gewissheit, dass Christus diese materielle Welt in sich aufgenommen hat und jetzt als Auferstandener im Innersten eines jeden Wesens wohnt, es mit seiner Liebe umhüllt und mit seinem Licht durchdringt – helfen uns, diese Umkehr mit reichem Sinn zu erfüllen. Das Gleiche gilt für die Erkenntnis, dass Gott die Welt erschaffen und in sie eine Ordnung und eine Dynamik hineingelegt hat, die der Mensch nicht ignorieren darf. Wenn jemand im Evangelium liest, dass Jesus von den Vögeln spricht und sagt, dass „Gott nicht einen von ihnen vergisst" (*Lk* 12,6), wird er dann fähig sein, sie schlecht zu behandeln oder ihnen Schaden zuzufügen? Ich lade alle Christen ein, diese Dimension ihrer Umkehr zu verdeutlichen, indem sie zulassen, dass die Kraft und das Licht der empfangenen Gnade sich auch auf ihre Beziehung zu den anderen Geschöpfen und zu der Welt, die sie umgibt, erstrecken und jene sublime Geschwisterlichkeit mit der gesamten Schöpfung hervorrufen, die der heilige Franziskus in so leuchtender Weise lebte.

IV. FREUDE UND FRIEDEN

222. Die christliche Spiritualität schlägt ein anderes Verständnis von Lebensqualität vor und ermutigt zu einem prophetischen und kontemplativen Lebens-

stil, der fähig ist, sich zutiefst zu freuen, ohne auf Konsum versessen zu sein. Es ist wichtig, eine alte Lehre anzunehmen, die in verschiedenen religiösen Traditionen und auch in der Bibel vorhanden ist. Es handelt sich um die Überzeugung, dass „weniger mehr ist“. Die ständige Anhäufung von Möglichkeiten zum Konsum lenkt das Herz ab und verhindert, jedes Ding und jeden Moment zu würdigen. Dagegen öffnet das gelassene Sich-Einfinden vor jeder Realität, und sei sie noch so klein, uns viel mehr Möglichkeiten des Verstehens und der persönlichen Verwirklichung. Die christliche Spiritualität regt zu einem Wachstum mit Mäßigkeit an und zu einer Fähigkeit, mit dem Wenigen froh zu sein. Es ist eine Rückkehr zu der Einfachheit, die uns erlaubt innezuhalten, um das Kleine zu würdigen, dankbar zu sein für die Möglichkeiten, die das Leben bietet, ohne uns an das zu hängen, was wir haben, noch uns über das zu grämen, was wir nicht haben. Das setzt voraus, die Dynamik der Herrschaft und der bloßen Anhäufung von Vergnügungen zu meiden.

223. Die Genügsamkeit, die unbefangen und bewusst gelebt wird, ist befreiend. Sie bedeutet nicht weniger Leben, sie bedeutet nicht geringere Intensität, sondern ganz das Gegenteil. In Wirklichkeit kosten diejenigen jeden einzelnen Moment mehr aus und erleben ihn besser, die aufhören, auf der ständigen Suche nach dem, was sie nicht haben, hier und da und dort etwas aufzupicken: Sie sind es, die erfahren, was es bedeutet, jeden Menschen und jedes Ding zu würdigen, und die lernen, mit den einfachsten Dingen in Berührung zu kommen und sich daran zu

freuen. So sind sie fähig, die unbefriedigten Bedürfnisse abzubauen, und reduzieren die Ermüdung und das versessene Streben. Man kann wenig benötigen und erfüllt leben, vor allem, wenn man fähig ist, das Gefallen an anderen Dingen zu entwickeln und in den geschwisterlichen Begegnungen, im Dienen, in der Entfaltung der eigenen Charismen, in Musik und Kunst, im Kontakt mit der Natur und im Gebet Erfüllung zu finden. Das Glück erfordert, dass wir verstehen, einige Bedürfnisse, die uns betäuben, einzuschränken, und so ansprechbar bleiben für die vielen Möglichkeiten, die das Leben bietet.

224. Genügsamkeit und Demut haben im letzten Jahrhundert keine Wertschätzung erfahren. Wenn jedoch die Übung irgendeiner Tugend im persönlichen und im gesellschaftlichen Leben allgemein nachlässt, dann verursacht das schließlich viele Unausgeglichenheiten, auch in der Umwelt. Darum reicht es nicht mehr, nur von der Unversehrtheit der Ökosysteme zu sprechen. Man muss auch wagen, von der Unversehrtheit des menschlichen Lebens zu sprechen, von der Notwendigkeit, alle großen Werte zu fördern und miteinander zu verbinden. Das Verschwinden der Demut in einem Menschen, der maßlos begeistert ist von der Möglichkeit, alles ohne jede Einschränkung zu beherrschen, kann letztlich der Gesellschaft und der Umwelt nur schaden. Es ist nicht leicht, diese gesunde Demut und eine zufriedene Genügsamkeit zu entwickeln, wenn wir eigenständig werden, wenn wir Gott aus unserem Leben ausschließen und unser Ich seinen Platz einnimmt, wenn wir glauben, es sei unserer Subjektivität anheimgestellt zu bestimmen, was gut und was böse ist.

225. Andererseits kann kein Mensch in einer zufriedenen Genügsamkeit reifen, wenn er nicht im Frieden mit sich selber lebt. Ein rechtes Verständnis der Spiritualität besteht zum Teil darin, unseren Begriff von Frieden zu erweitern, der viel mehr ist, als das Nichtvorhandensein von Krieg. Der innere Friede der Menschen hat viel zu tun mit der Pflege der Ökologie und mit dem Gemeinwohl, denn wenn er authentisch gelebt wird, spiegelt er sich in einem ausgeglichenen Lebensstil wider, verbunden mit einer Fähigkeit zum Staunen, die zur Vertiefung des Lebens führt. Die Natur ist voll von Worten der Liebe. Doch wie können wir sie hören mitten im ständigen Lärm, in der fortdauernden und begierigen Zerstreuung oder im Kult der äußeren Erscheinung? Viele Menschen spüren eine tiefe Unausgeglichenheit, die sie dazu bewegt, alles in Höchstgeschwindigkeit zu erledigen, um sich beschäftigt zu fühlen, in einer ständigen Hast, die sie wiederum dazu führt, alles um sich herum zu überfahren. Das wirkt sich aus auf die Art, die Umwelt zu behandeln. Eine ganzheitliche Ökologie beinhaltet auch, sich etwas Zeit zu nehmen, um den ruhigen Einklang mit der Schöpfung wiederzugewinnen, um über unseren Lebensstil und unsere Ideale nachzudenken, um den Schöpfer zu betrachten, der unter uns und in unserer Umgebung lebt und dessen Gegenwart „nicht hergestellt, sondern entdeckt, enthüllt werden“ muss.[155]

226. Wir sprechen von einer Haltung des Herzens, das alles mit gelassener Aufmerksamkeit erlebt; das versteht, jemandem gegenüber ganz da zu sein, ohne schon an das zu denken, was danach kommt; das

sich jedem Moment widmet wie einem göttlichen Geschenk, das voll und ganz erlebt werden muss. Jesus lehrte uns diese Haltung, als er uns einlud, die Lilien des Feldes und die Vögel des Himmels zu betrachten, oder als er in der Gegenwart eines unruhigen Mannes diesen ansah und ihn liebte (vgl. *Mk* 10,21). Ja, er war jedem Menschen und jedem Geschöpf gegenüber ganz da, und so zeigte er uns einen Weg, die krankhafte Ängstlichkeit zu überwunden, die uns oberflächlich, aggressiv und zu hemmungslosen Konsumenten werden lässt.

227. Ein Ausdruck dieser Haltung ist, vor und nach den Mahlzeiten innezuhalten, um Gott Dank zu sagen. Ich schlage den Gläubigen vor, diese wertvolle Gewohnheit wieder aufzunehmen und sie mit Innigkeit zu leben. Dieser Moment des Segensspruchs erinnert uns, selbst wenn er ganz kurz ist, an unsere Abhängigkeit von Gott für unser Leben, unterstützt unser Empfinden der Dankbarkeit für die Gaben der Schöpfung, erkennt jene an, die mit ihrer Arbeit diese Güter besorgen, und stärkt die Solidarität mit denen, die am meisten bedürftig sind.

V. LIEBE IM ZIVILEN UND POLITISCHEN BEREICH

228. Die Pflege der Natur ist Teil eines Lebensstils, der die Fähigkeit zum Zusammenleben und zur Gemeinschaft einschließt. Jesus erinnerte uns daran, dass Gott unser gemeinsamer Vater ist und dass dies

uns zu Brüdern und Schwestern macht. Die Bruderliebe kann nur gegenleistungsfrei sein und darf niemals eine Bezahlung sein für das, was ein anderer verwirklicht, noch ein Vorschuss für das, was wir uns von ihm erhoffen. Darum ist es möglich, die Feinde zu lieben. Diese gleiche Uneigennützigkeit führt uns dazu, den Wind, die Sonne und die Wolken zu lieben und zu akzeptieren, obwohl sie sich nicht unserer Kontrolle unterwerfen. Darum können wir von einer *universalen Geschwisterlichkeit* sprechen.

229. Wir müssen wieder spüren, dass wir einander brauchen, dass wir eine Verantwortung für die anderen und für die Welt haben und dass es sich lohnt, gut und ehrlich zu sein. Wir haben schon sehr viel Zeit moralischen Verfalls verstreichen lassen, indem wir die Ethik, die Güte, den Glauben und die Ehrlichkeit bespöttelt haben, und es ist der Moment gekommen zu merken, dass diese fröhliche Oberflächlichkeit uns wenig genützt hat. Diese Zerstörung jeder Grundlage des Gesellschaftslebens bringt uns schließlich um der Wahrung der jeweils eigenen Interessen willen gegeneinander auf, lässt neue Formen von Gewalt und Grausamkeit aufkommen und verhindert die Entwicklung einer wahren Kultur des Umweltschutzes.

230. Das Beispiel der heiligen Therese von Lisieux lädt uns ein, den „kleinen Weg" der Liebe zu beschreiten, keine Gelegenheit für ein freundliches Wort, für ein Lächeln, für irgendeine kleine Geste zu verpassen, die Frieden und Freundschaft verbreitet. Eine ganzheitliche Ökologie ist auch aus einfachen

alltäglichen Gesten gemacht, die die Logik der Gewalt, der Ausnutzung, des Egoismus durchbrechen. Indessen ist die Welt des wütenden Konsums zugleich die Welt, in der das Leben in all seinen Formen schlecht behandelt wird.

231. Die Liebe voller kleiner Gesten gegenseitiger Achtsamkeit betrifft auch das bürgerliche und das politische Leben und zeigt sich bei allen Gelegenheiten, die zum Aufbau einer besseren Welt beitragen. Die Liebe zur Gesellschaft und das Engagement für das Gemeinwohl sind ein hervorragender Ausdruck der Nächstenliebe, die nicht nur die Beziehungen zwischen den einzelnen Menschen angeht, sondern auch die „Makro-Beziehungen – in gesellschaftlichen, wirtschaftlichen und politischen Zusammenhängen".[156] Darum schlug die Kirche der Welt das Ideal der „Kultur der Liebe"[157] vor. Die Liebe im sozialen Bereich ist der Schlüssel zu einer authentischen Entwicklung: „Um die Gesellschaft menschlicher, der menschlichen Person würdiger zu machen, muss die Liebe im sozialen Leben – auf politischer, wirtschaftlicher und kultureller Ebene – neu bewertet und zur beständigen obersten Norm des Handelns erhoben werden."[158] In diesem Rahmen bewegt uns die Liebe im gesellschaftlichen Bereich, neben der Bedeutung der kleinen täglichen Gesten an große Strategien zu denken, welche die Umweltzerstörung wirksam aufhalten und eine *Kultur der Achtsamkeit* fördern, die die gesamte Gesellschaft erfüllt. Wenn jemand den Ruf Gottes erkennt, gemeinsam mit den anderen in diese gesellschaftlichen Dynamiken einzugreifen, soll er sich daran erinnern, dass dies ein Teil seiner

Spiritualität ist, dass es Ausübung der Nächstenliebe ist und dass er auf diese Weise reift und sich heiligt.

232. Nicht alle sind berufen, direkt in der Politik zu arbeiten, doch im Schoß der Gesellschaft keimt eine zahllose Vielfalt von Vereinigungen auf, die sich für das Gemeinwohl einsetzen, indem sie die natürliche und städtische Umwelt schützen. Sie kümmern sich zum Beispiel um ein öffentliches Objekt (ein Bauwerk, einen Brunnen, ein verwahrlostes Denkmal, eine Landschaft, einen Platz), um etwas, das allen gehört, zu schützen, zu sanieren, zu verbessern oder zu verschönern. In ihrer Umgebung entwickeln sich Bindungen oder werden solche zurückgewonnen, und es entsteht ein neues örtliches soziales Gewebe. So befreit sich eine Gemeinschaft von der konsumorientierten Gleichgültigkeit. Das schließt die Bildung einer gemeinsamen Identität ein, einer Geschichte, die bleibt und weitergegeben wird. Auf diese Weise wird für die Welt und für die Lebensqualität der Ärmsten gesorgt, mit einem solidarischen Empfinden, das zugleich das Bewusstsein ist, in einem gemeinsamen Haus zu wohnen, das Gott uns anvertraut hat. Diese gemeinschaftlichen Aktionen können, wenn sie Ausdruck einer hingebungsvollen Liebe sind, zu intensiven spirituellen Erfahrungen werden.

VI. SAKRAMENTALE ZEICHEN UND DIE FEIERTAGSRUHE

233. Das Universum entfaltet sich in Gott, der es ganz und gar erfüllt. So liegt also Mystik in einem Blütenblatt, in einem Weg, im morgendlichen Tau, im Gesicht des Armen.[159] Das Ideal ist nicht nur, vom Äußeren zum Inneren überzugehen, um das Handeln Gottes in der Seele zu entdecken, sondern auch, dahin zu gelangen, ihm in allen Dingen zu begegnen, wie der heilige Bonaventura lehrte: „Die Kontemplation ist umso vollkommener, je mehr der Mensch die Wirkung der göttlichen Gnade in sich verspürt, oder auch je besser er versteht, Gott in den äußeren Geschöpfen zu begegnen."[160]

234. Der heilige Johannes vom Kreuz lehrte, dass alles Gute, das es in den Dingen und Erfahrungen der Welt gibt, „auf unendlich vorzügliche Weise in Gott ist, oder, besser gesagt, jedes dieser großen Dinge, die genannt werden, ist Gott".[161] Nicht, weil die begrenzten Dinge der Welt wirklich göttlich wären, sondern weil der Mystiker die innige Verbindung erfährt, die zwischen Gott und allen Wesen besteht, und so empfindet: Alle Dinge – das ist Gott.[162] Wenn er die Größe eines Berges bestaunt, kann er ihn nicht von Gott trennen und nimmt wahr, dass dieses innere Staunen, das er erlebt, auf den Herrn bezogen werden muss. „Die Gebirge haben Höhenzüge, sind reichhaltig, weit, schön, reizvoll, blumenübersät und dufterfüllt. Diese Gebirge – das ist mein Geliebter für mich. Die abgelegenen Täler sind ruhig, lieblich, kühl, schattig, voll süßer Gewässer; mit der Vielfalt

ihres Baumbewuchses und dem zarten Gesang der Vögel verschaffen sie dem Reich der Sinne tiefe Erholung und Wonne und bieten in ihrer Einsamkeit und Stille Erfrischung und Ruhe. Diese Täler – das ist mein Geliebter für mich.“[163]

235. Die Sakramente sind eine bevorzugte Weise, in der die Natur von Gott angenommen wird und sich in Vermittlung des übernatürlichen Lebens verwandelt. Über das kultische Geschehen sind wir eingeladen, die Welt auf einer anderen Ebene zu umarmen. Das Wasser, das Öl, das Feuer und die Farben werden mit ihrer ganzen Symbolkraft aufgenommen und in den Lobpreis eingegliedert. Die segnende Hand ist ein Werkzeug der Liebe Gottes und Widerschein der Nähe Jesu Christi, der gekommen ist, um uns auf unserem Lebensweg zu begleiten. Das Wasser, das sich über den Körper des Kindes ergießt, das getauft wird, ist ein Zeichen neuen Lebens. Wir entfliehen nicht der Welt, noch verleugnen wir die Natur, wenn wir Gott begegnen möchten. Das kann man besonders in der östlichen christlichen Spiritualität erkennen: „Die Schönheit, die im Orient eine der beliebtesten Bezeichnungen für die göttliche Harmonie und Vorbild der verklärten Menschheit ist, tritt überall zutage: in Gestalt und Ausstattung der Kirchen, in den Klängen, in den Farben, in der Beleuchtung, in den Düften.“[164] Für die christliche Erfahrung finden alle Geschöpfe des materiellen Universums ihren wahren Sinn im menschgewordenen Wort, denn der Sohn Gottes hat in seine Person einen Teil des materiellen Universums aufgenommen, in den er einen Keim der endgültigen Verwandlung hineingelegt hat: „Das

Christentum verwirft nicht die Materie, die Leiblichkeit, ja sie wertet sie im liturgischen Akt sogar vollständig auf, in dem der menschliche Leib sein tiefstes Wesen als Tempel des Geistes zeigt und sich mit dem Herrn Jesus vereinigt, der um der Rettung der Welt willen auch einen Leib angenommen hat."[165]

236. In der Eucharistie findet die Schöpfung ihre größte Erhöhung. Die Gnade, die dazu neigt, sich spürbar zu zeigen, erreicht einen erstaunlichen Ausdruck, wenn der menschgewordene Gott selbst so weit geht, sich von seinem Geschöpf verzehren zu lassen. Auf dem Höhepunkt des Geheimnisses der Inkarnation wollte der Herr durch ein Stückchen Materie in unser Innerstes gelangen. Nicht von oben herab, sondern von innen her, damit wir ihm in unserer eigenen Welt begegnen könnten. In der Eucharistie ist die Fülle bereits verwirklicht, und sie ist das Lebenszentrum des Universums, der überquellende Ausgangspunkt von Liebe und unerschöpflichem Leben. Vereint mit dem in der Eucharistie gegenwärtigen inkarnierten Sohn sagt der gesamte Kosmos Gott Dank. Tatsächlich ist die Eucharistie von sich aus ein Akt der kosmischen Liebe: „Ja, kosmisch! Denn auch dann, wenn man die Eucharistie auf dem kleinen Altar einer Dorfkirche feiert, feiert man sie immer in einem gewissen Sinn *auf dem Altar der Welt*."[166] Die Eucharistie vereint Himmel und Erde, umfasst und durchdringt die gesamte Schöpfung. Die Welt, die aus den Händen Gottes hervorging, kehrt zu ihm zurück in seliger und vollkommener Anbetung: Im eucharistischen Brot „ist die Schöpfung auf die Vergöttlichung, auf die heilige Hochzeit, auf die Vereinigung

mit dem Schöpfer selbst ausgerichtet".[167] Darum ist die Eucharistie auch eine Quelle des Lichts und der Motivation für unsere Sorgen um die Umwelt und richtet uns darauf aus, Hüter der gesamten Schöpfung zu sein.

237. Am Sonntag hat die Teilnahme an der Eucharistie eine besondere Bedeutung. Dieser Tag wird wie der jüdische Sabbat als ein Tag der Heilung der Beziehungen des Menschen zu Gott, zu sich selbst, zu den anderen und zur Welt gewährt. Der Sonntag ist der Tag der Auferstehung, der „erste Tag" der neuen Schöpfung, deren Erstlingsfrucht die auferstandene Menschheit des Herrn ist, ein Unterpfand für die endgültige Verklärung der gesamten erschaffenen Wirklichkeit. Außerdem kündet dieser Tag „die ewige Ruhe des Menschen in Gott" an.[168] In dieser Weise bezieht die christliche Spiritualität den Wert der Muße und des Festes ein. Der Mensch neigt dazu, die kontemplative Ruhe auf den Bereich des Unfruchtbaren und Unnötigen herabzusetzen und vergisst dabei, dass man so dem Werk, das man vollbringt, das Wichtigste nimmt: seinen Sinn. Wir sind berufen, in unser Handeln eine Dimension der Empfänglichkeit und der Unentgeltlichkeit einzubeziehen, die etwas anderes ist als ein bloßes Nichtstun. Es handelt sich um eine andere Art des Tuns, die einen Teil unseres Wesens ausmacht. Auf diese Weise wird das menschliche Handeln nicht allein vor dem leeren Aktivismus bewahrt, sondern auch vor der zügellosen Unersättlichkeit und dem abgeschotteten Bewusstsein, das dazu führt, nur den eigenen Vorteil zu verfolgen. Das Gesetz der wöchentlichen Ruhe schrieb vor, am

siebten Tag keine Arbeit zu tun, „damit dein Rind und dein Esel ausruhen und der Sohn deiner Sklavin und der Fremde zu Atem kommen“ (*Ex* 23,12). Die Ruhe ist eine Ausweitung des Blickfeldes, die erlaubt, wieder die Rechte der anderen zu erkennen. So strahlt der Tag der Ruhe, dessen Mittelpunkt die Eucharistie ist, sein Licht über die ganze Woche aus und motiviert uns, uns die Sorge für die Natur und die Armen zu Eigen zu machen.

VII. DIE TRINITÄT UND DIE BEZIEHUNG ZWISCHEN DEN GESCHÖPFEN

238. Der Vater ist der letzte Ursprung von allem, der liebevolle und verbindende Grund von allem, was existiert. Der Sohn, der ihn widerspiegelt und durch den alles erschaffen wurde, hat sich mit dieser Erde verbunden, als er im Schoß Marias menschliche Gestalt annahm. Der Geist, das unendliche Band der Liebe, ist zutiefst im Herzen des Universums zugegen, indem er neue Wege anregt und auslöst. Die Welt wurde durch die drei Personen, den einen göttlichen Ursprung, geschaffen, doch jede von ihnen verwirklicht das gemeinsame Werk gemäß ihrer persönlichen Eigenheit. „Wenn wir also voller Bewunderung das Universum in seiner Größe und Schönheit betrachten, müssen wir die ganze Dreifaltigkeit loben.“[169]

239. Für die Christen führt der Glaube an den einen Gott, der trinitarische *Communio* ist, zu dem Gedan-

ken, dass die gesamte Wirklichkeit in ihrem Innern eine eigentlich trinitarische Prägung besitzt. Der heilige Bonaventura ging so weit zu sagen, dass der Mensch vor der Sünde entdecken konnte, wie jedes Geschöpf „bezeugt, dass Gott dreifaltig ist". Den Abglanz der Dreifaltigkeit konnte man in der Natur erkennen, „als dieses Buch dem Menschen nicht undurchschaubar war und das Auge des Menschen sich nicht eingetrübt hatte".[170] Der heilige Franziskaner lehrt uns, dass *jedes Geschöpf eine typisch trinitarische Struktur in sich trägt*, die so real ist, dass sie spontan betrachtet werden könnte, wenn der Blick des Menschen nicht begrenzt, getrübt und schwach wäre. So weist er uns auf die Herausforderung hin, zu versuchen, die Wirklichkeit unter trinitarischem Gesichtspunkt zu entschlüsseln.

240. Die göttlichen Personen sind subsistente Beziehungen, und die Welt, die nach göttlichem Bild erschaffen ist, ist ein Gewebe von Beziehungen. Die Geschöpfe streben auf Gott zu, und jedes Lebewesen hat seinerseits die Eigenschaft, auf etwas anderes zuzustreben, so dass wir innerhalb des Universums eine Vielzahl von ständigen Beziehungen finden können, die auf geheimnisvolle Weise ineinandergreifen.[171] Das lädt uns nicht nur ein, die vielfältigen Verbindungen zu bewundern, die unter den Geschöpfen bestehen, sondern führt uns dahin, einen Schlüssel zu unserer eigenen Verwirklichung zu entdecken. Denn die menschliche Person wächst, reift und heiligt sich zunehmend in dem Maß, in dem sie in Beziehung tritt, wenn sie aus sich selbst herausgeht, um in Gemeinschaft mit Gott, mit den anderen und mit allen

Geschöpfen zu leben. So übernimmt sie in ihr eigenes Dasein jene trinitarische Dynamik, die Gott dem Menschen seit seiner Erschaffung eingeprägt hat. Alles ist miteinander verbunden, und das lädt uns ein, eine Spiritualität der globalen Solidarität heranreifen zu lassen, die aus dem Geheimnis der Dreifaltigkeit entspringt.

VIII. DIE KÖNIGIN DER GANZEN SCHÖPFUNG

241. Maria, die Mutter, die für Jesus sorgte, sorgt jetzt mit mütterlicher Liebe und mit Schmerz für diese verletzte Welt. Wie sie mit durchbohrtem Herzen den Tod Jesu beweinte, so fühlt sie jetzt Mitleid mit den Armen an ihren Kreuzen und mit den durch menschliche Macht zugrunde gerichteten Geschöpfen. Sie lebt mit Jesus in völliger Verklärung, und alle Geschöpfe besingen ihre Schönheit. Sie ist die Frau „mit der Sonne bekleidet; der Mond [...] unter ihren Füßen und ein Kranz von zwölf Sternen auf ihrem Haupt" (*Offb* 12,1). In den Himmel erhoben, ist sie Mutter und Königin der ganzen Schöpfung. In ihrem verherrlichten Leib, vereint mit dem auferstandenen Christus, hat ein Teil der Schöpfung die ganze Fülle ihrer Schönheit erreicht. Sie schaut in ihrem Herzen nicht nur auf das ganze Leben Jesu, das sie dort sorgsam bewahrte (vgl. *Lk* 2,19.51), sondern versteht jetzt auch den Sinn von allem. Darum können wir sie bitten, dass sie uns hilft, diese Welt mit weiseren Augen zu betrachten.

242. Gemeinsam mit ihr tritt in der Heiligen Familie von Nazareth die Gestalt des heiligen Josef hervor. Er behütete und beschützte Maria und Jesus mit seiner Arbeit und seiner großherzigen Gegenwart und befreite sie aus der Gewalt der Ungerechten, indem er sie nach Ägypten brachte. Im Evangelium erscheint er als ein gerechter, arbeitsamer und starker Mann. Doch seine Gestalt lässt auch eine große Zärtlichkeit erkennen, die nicht eine Eigenschaft der Schwachen, sondern der wirklich Starken ist, die achtsam gegenüber der Realität sind, um demütig zu lieben und zu dienen. Darum wurde er zum Schutzpatron der gesamten Kirche erklärt. Auch er kann uns lehren zu behüten, kann uns motivieren, mit Großmut und Zärtlichkeit zu arbeiten, um diese Welt zu beschützen, die Gott uns anvertraut hat.

IX. JENSEITS DER SONNE

243. Am Ende werden wir der unendlichen Schönheit Gottes von Angesicht zu Angesicht begegnen (vgl. *1 Kor* 13,12) und können mit seliger Bewunderung das Geheimnis des Universums verstehen, das mit uns an der Fülle ohne Ende teilhaben wird. Ja, wir sind unterwegs zum Sabbat der Ewigkeit, zum neuen Jerusalem, zum gemeinsamen Haus des Himmels. Jesus sagt uns: „Ich mache alles neu“ (*Offb* 21,5). Das ewige Leben wird ein miteinander erlebtes Staunen sein, wo jedes Geschöpf in leuchtender Verklärung seinen Platz einnehmen und etwas haben wird, um es den endgültig befreiten Armen zu bringen.

244. Inzwischen vereinigen wir uns, um uns dieses Hauses anzunehmen, das uns anvertraut wurde, da wir wissen, dass all das Gute, das es darin gibt, einst in das himmlische Fest aufgenommen wird. Gemeinsam mit allen Geschöpfen gehen wir unseren Weg in dieser Welt – auf der Suche nach Gott, denn „wenn die Welt einen Ursprung hat und erschaffen worden ist, dann suche nach dem, der sie erschaffen hat, suche nach dem, der ihr den Anfang gegeben hat, nach dem, der ihr Schöpfer ist!“[172] Gehen wir singend voran! Mögen unsere Kämpfe und unsere Sorgen um diesen Planeten uns nicht die Freude und die Hoffnung nehmen.

245. Gott, der uns zur großzügigen und völligen Hingabe zusammenruft, schenkt uns die Kräfte und das Licht, die wir benötigen, um voranzugehen. Im Herzen dieser Welt ist der Herr des Lebens, der uns so sehr liebt, weiter gegenwärtig. Er verlässt uns nicht, er lässt uns nicht allein, denn er hat sich endgültig mit unserer Erde verbunden, und seine Liebe führt uns immer dazu, neue Wege zu finden. Er sei gelobt.

* * *

246. Nach dieser langen frohen und zugleich dramatischen Überlegung schlage ich zwei Gebete vor: eines, das wir mit allen teilen können, die an einen Gott glauben, der allmächtiger Schöpfer ist, und ein anderes, damit wir Christen die Verpflichtungen gegenüber der Schöpfung übernehmen können, die uns das Evangelium Jesu vorstellt.

Gebet für unsere Erde

Allmächtiger Gott,
der du in der Weite des Alls gegenwärtig bist
und im kleinsten deiner Geschöpfe,
der du alles, was existiert,
mit deiner Zärtlichkeit umschließt,
gieße uns die Kraft deiner Liebe ein,
damit wir das Leben und die Schönheit hüten.
Überflute uns mit Frieden,
damit wir als Brüder und Schwestern leben
und niemandem schaden.
Gott der Armen,
hilf uns,
die Verlassenen und Vergessenen dieser Erde,
die so wertvoll sind in deinen Augen,
zu retten.
Heile unser Leben,
damit wir Beschützer der Welt sind
und nicht Räuber,
damit wir Schönheit säen
und nicht Verseuchung und Zerstörung.
Rühre die Herzen derer an,
die nur Gewinn suchen
auf Kosten der Armen und der Erde.
Lehre uns,
den Wert von allen Dingen zu entdecken
und voll Bewunderung zu betrachten;
zu erkennen, dass wir zutiefst verbunden sind
mit allen Geschöpfen
auf unserem Weg zu deinem unendlichen Licht.
Danke, dass du alle Tage bei uns bist.
Ermutige uns bitte in unserem Kampf
für Gerechtigkeit, Liebe und Frieden.

Christliches Gebet mit der Schöpfung

Wir preisen dich, Vater, mit allen Geschöpfen,
die aus deiner machtvollen Hand
hervorgegangen sind.
Dein sind sie
und erfüllt von deiner Gegenwart und Zärtlichkeit.
Gelobt seist du.
Sohn Gottes, Jesus,
durch dich wurde alles erschaffen.
In Marias Mutterschoß
nahmst du menschliche Gestalt an;
du wurdest Teil dieser Erde
und sahst diese Welt mit menschlichen Augen.
Jetzt lebst du in jedem Geschöpf
mit deiner Herrlichkeit als Auferstandener.
Gelobt seist du.
Heiliger Geist, mit deinem Licht
wendest du diese Welt der Liebe des Vaters zu
und begleitest die Wehklage der Schöpfung;
du lebst auch in unseren Herzen,
um uns zum Guten anzutreiben.
Gelobt seist du.
O Gott, dreifaltig Einer,
du kostbare Gemeinschaft unendlicher Liebe,
lehre uns, dich zu betrachten
in der Schönheit des Universums,
wo uns alles von dir spricht.
Erwecke unseren Lobpreis und unseren Dank
für jedes Wesen, das du erschaffen hast.
Schenke uns die Gnade, uns innig vereint zu fühlen
mit allem, was ist.
Gott der Liebe,
zeige uns unseren Platz in dieser Welt

als Werkzeuge deiner Liebe
zu allen Wesen dieser Erde,
denn keines von ihnen wird von dir vergessen.
Erleuchte, die Macht und Reichtum besitzen,
damit sie sich hüten vor der Sünde der Gleichgültigkeit,
das Gemeinwohl lieben, die Schwachen fördern
und für diese Welt sorgen, die wir bewohnen.
Die Armen und die Erde flehen,
Herr, ergreife uns mit deiner Macht
und deinem Licht,
um alles Leben zu schützen,
um eine bessere Zukunft vorzubereiten,
damit dein Reich komme,
das Reich der Gerechtigkeit, des Friedens,
der Liebe und der Schönheit.
Gelobt seist du.
Amen.

*Gegeben zu Rom, Sankt Peter, am 24. Mai,
dem Hochfest von Pfingsten im Jahr 2015,
dem dritten meines Pontifikats.*

Franziskus

RETTET DAS CHRISTL. ABENDLAND!
WIRTSCHAFTSWACHSTUM STATT GRÜNER ÖKO-WAHN!
Der jetzt auch...?!

LAUDATO DEUM
Gottes Schöpfung schützen!
KLIMASCHUTZ
STATT PROFITGIER!!!

LAUDATE DEUM

HINFÜHRUNG

1. „Lobt Gott für all seine Geschöpfe." Dies war die Aufforderung, die der heilige Franz von Assisi mit seinem Leben, seinen Liedern, seinen Taten zum Ausdruck brachte. Damit griff er die Einladung der biblischen Psalmen auf und gab die Feinfühligkeit Jesu für die Geschöpfe seines Vaters wieder: „Lernt von den Lilien des Feldes, wie sie wachsen: Sie arbeiten nicht und spinnen nicht. Doch ich sage euch: Selbst Salomo war in all seiner Pracht nicht gekleidet wie eine von ihnen" (Mt 6,28–29). „Verkauft man nicht fünf Spatzen für zwei Pfennige? Und doch ist nicht einer von ihnen vor Gott vergessen" (Lk 12,6). Wie könnten wir diese Zärtlichkeit Jesu für all jene, die uns auf unserem Weg begleiten, nicht bewundern?

2. Es sind nun schon acht Jahre seit der Veröffentlichung der Enzyklika Laudato si' vergangen. Damals wollte ich mit euch allen, meinen Schwestern und Brüdern auf unserem leidenden Planeten, meine tiefe Besorgnis um den Erhalt unseres gemeinsamen Hauses teilen. Aber mit der Zeit wird mir klar, dass wir nicht genügend reagieren, während die Welt, die uns umgibt, zerbröckelt und vielleicht vor einem tiefen Einschnitt steht. Abgesehen von dieser Möglichkeit besteht kein Zweifel daran, dass die Auswirkungen des Klimawandels das Leben vieler Menschen und Familien zunehmend beeinträchtigen werden. Wir werden seine Folgen unter anderem in den Be-

reichen der Gesundheit, der Arbeitsplätze, des Zugangs zu den Ressourcen, des Wohnraums und der Zwangsmigration spüren.

3. Es ist ein globales soziales Problem, das eng mit der Würde des menschlichen Lebens zusammenhängt. Die Bischöfe der Vereinigten Staaten haben den sozialen Sinn unserer Sorge um den Klimawandel, der über einen rein ökologischen Ansatz hinausgeht, sehr gut zum Ausdruck gebracht, denn „unsere Sorge füreinander und unsere Sorge für die Erde sind eng miteinander verbunden. Der Klimawandel ist eine der größten Herausforderungen für die Gesellschaft und die globale Gemeinschaft. Die Auswirkungen des Klimawandels gehen zu Lasten der am meisten gefährdeten Menschen, sei es im eigenen Land oder auf der ganzen Welt".[1] Mit anderen Worten sagten dies auch die Bischöfe auf der Amazonas-Synode: „Die Attentate gegen die Natur haben Konsequenzen für das Leben der Völker."[2] Und um deutlich zum Ausdruck zu bringen, dass es sich nicht mehr um ein zweitrangiges oder ideologisches Thema handelt, sondern um ein Drama, das uns allen schadet, erklärten die afrikanischen Bischöfe, dass der Klimawandel „ein schockierendes Beispiel für eine strukturelle Sünde"[3] darstellt.

4. Die Überlegungen und Informationen, die wir in diesen vergangenen acht Jahren sammeln konnten, ermöglichen uns, das bereits vor einiger Zeit Gesagte genauer zu bestimmen und zu ergänzen. Aus diesem Grund und weil die Situation immer dringlicher wird, wollte ich diese Gedanken nun mit euch teilen.

1. DIE GLOBALE KLIMAKRISE

5. Wie sehr man auch versuchen mag, sie zu leugnen, zu verstecken, zu verhehlen oder zu relativieren, die Anzeichen des Klimawandels sind da und treten immer deutlicher hervor. Niemand kann ignorieren, dass wir in den vergangenen Jahren Zeugen von extremen Phänomenen, häufigen Perioden ungewöhnlicher Hitze, Dürre und anderem Wehklagen der Erde geworden sind, die nur einige greifbare Ausprägungen einer stillen Krankheit sind, die uns alle betrifft. Es stimmt, dass nicht jede einzelne Katastrophe automatisch auf den globalen Klimawandel zurückgeführt werden kann. Es ist jedoch nachweisbar, dass bestimmte von der Menschheit verursachte Veränderungen des Klimas die Wahrscheinlichkeit immer häufigerer und intensiverer Extremereignisse deutlich erhöhen. So wissen wir, dass mit jedem Anstieg der globalen Temperatur um 0,5 Grad Celsius auch die Intensität und Häufigkeit von starken Regenfällen und Überschwemmungen in einigen Gebieten und schweren Dürren in anderen zunehmen; ebenso kommt es in einigen Regionen vermehrt zu extremer Hitze und andernorts zu starken Schneefällen.[4] Wenn wir früher einige Male im Jahr eine Hitzewelle hatten, was wird dann bei einem globalen Temperaturanstieg von 1,5 Grad Celsius geschehen, dem wir uns nähern? Solche Hitzewellen werden viel häufiger sein und eine stärkere Intensität haben. Bei einem Anstieg von mehr als 2 Grad würden die Eisschilde Grönlands vollständig schmelzen und ein

Großteil der Antarktis[5] – mit enormen und sehr ernsten Folgen für alle.

WIDERSTAND UND VERWIRRUNG

6. In den vergangenen Jahren hat es nicht an Personen gefehlt, welche diese Beobachtung kleinreden wollten. Sie führen vermeintlich wissenschaftlich fundierte Daten an, wie die Tatsache, dass der Planet schon immer Phasen der Abkühlung und Erwärmung hatte und haben wird. Sie versäumen dabei die Erwähnung einer anderen relevanten Gegebenheit: dass das, was wir jetzt erleben, eine ungewöhnliche Beschleunigung der Erwärmung ist, und zwar mit einer solchen Geschwindigkeit, dass eine einzige Generation – nicht Jahrhunderte oder Jahrtausende – genügt, um dies wahrzunehmen. Der Anstieg des Meeresspiegels und das Schmelzen der Gletscher können von einem Menschen während seiner Lebenszeit leicht wahrgenommen werden, und wahrscheinlich werden in wenigen Jahren viele Menschen aufgrund dieser Ereignisse umsiedeln müssen.

7. Um diejenigen ins Lächerliche zu ziehen, die über die globale Erwärmung sprechen, wird die Tatsache angeführt, dass es auch oft zu extremen Kälteeinbrüchen kommt. Dabei wird vergessen, dass diese und andere außergewöhnliche Symptome lediglich alternative Ausdrucksformen derselben Ursache sind, nämlich des globalen Ungleichgewichts, das durch die Erderwärmung verursacht wird. Sowohl die Dürren als auch

die Überschwemmungen, sowohl die austrocknenden Seen als auch die durch Flutwellen oder Überschwemmungen ausgelöschten Populationen haben letztlich dieselbe Ursache. Andererseits dürfen wir, wenn wir von einem globalen Phänomen sprechen, dies nicht mit vorübergehenden und wandelbaren Ereignissen verwechseln, die sich weitgehend durch lokale Faktoren erklären lassen.

8. Der Mangel an Informationen führt dazu, dass große Klimaprojektionen, die lange Zeiträume umfassen – wir sprechen von mindestens Jahrzehnten –, mit Wettervorhersagen verwechselt werden, die höchstens ein paar Wochen umfassen können. Wenn wir über den Klimawandel sprechen, beziehen wir uns auf eine globale Wirklichkeit – mit ständigen lokalen Abweichungen –, die über mehrere Jahrzehnte anhält.

9. Es mangelt nicht an Personen, die in einer sehr vereinfachenden Sicht der Wirklichkeit den Armen die Schuld dafür geben, weil sie viele Kinder haben, und die sogar versuchen, das Problem zu lösen, indem sie die Frauen in weniger entwickelten Ländern verstümmeln. Wie immer scheinen die Armen schuld zu sein. Aber die Wirklichkeit ist, dass ein kleiner Prozentsatz der Reichsten auf der Erde die Umwelt mehr verschmutzt als die ärmsten 50 Prozent der gesamten Weltbevölkerung und dass die Pro-Kopf-Emissionen der reichsten Länder um ein Vielfaches höher sind als die der ärmsten.[6] Wie können wir vergessen, dass Afrika, wo mehr als die Hälfte der ärmsten Menschen der Welt leben, nur für einen winzigen Bruchteil der in der Geschichte angefallenen Emissionen verantwortlich ist?

10. Es wird auch oft behauptet, dass die Bemühungen zur Eindämmung des Klimawandels durch die Verringerung der Nutzung fossiler Brennstoffe und die Entwicklung sauberer Energieformen zu einem Rückgang der Arbeitsplätze führen würden. Tatsache ist, dass Millionen von Menschen aufgrund der verschiedenen Folgen des Klimawandels ihren Arbeitsplatz verlieren: Der Anstieg des Meeresspiegels, Dürreperioden und viele andere Phänomene, die den Planeten heimsuchen, haben etliche Menschen in Bedrängnis gebracht. Andererseits können der Übergang zu erneuerbaren Energieformen, wenn er gut gesteuert wird, sowie alle Bemühungen zur Anpassung an die Schäden des Klimawandels unzählige Arbeitsplätze in verschiedenen Sektoren schaffen. Dies erfordert, dass Politiker und Unternehmer sich umgehend mit diesem Thema befassen.

DIE MENSCHLICHEN URSACHEN

11. Der menschliche – „anthropogene" – Ursprung des Klimawandels kann nicht mehr bezweifelt werden. Sehen wir uns an, warum. Die Konzentration der Treibhausgase in der Atmosphäre, die die globale Erwärmung verursachen, blieb bis zum 19. Jahrhundert stabil und lag unter 300 pro eine Million Volumenteilen. Aber in der Mitte jenes Jahrhunderts begannen, zeitgleich mit der industriellen Entwicklung, die Emissionen zu steigen. In den vergangenen fünfzig Jahren hat sich der Anstieg deutlich beschleunigt, wie die Forschungsstation in Mauna Loa, die seit 1958

tägliche Messungen des Kohlendioxids vornimmt, bestätigt. Als ich Laudato si' schrieb, wurde ein Allzeithoch von 400 Teilen pro eine Million und im Juni 2023 423 Teile pro eine Million erreicht.[7] Mehr als 42 Prozent der gesamten Nettoemissionen seit 1850 sind nach 1990 erfolgt.[8]

12. Gleichzeitig stellen wir fest, dass die Temperatur in den vergangenen fünfzig Jahren in noch nie da gewesener Geschwindigkeit gestiegen ist, so schnell wie nie zuvor in den letzten zweitausend Jahren. In diesem Zeitraum war der Trend eine Erwärmung von 0,15 Grad Celsius pro Jahrzehnt, in den letzten 150 Jahren hat sich dieser Wert verdoppelt. Von 1850 bis heute ist die globale Temperatur um 1,1 Grad Celsius gestiegen, ein Phänomen, das in den Polargebieten noch deutlicher ausgeprägt ist. Bei diesem Tempo kann es sein, dass wir in nur zehn Jahren die erstrebenswerte globale Obergrenze von 1,5 Grad Celsius erreichen.[9] Der Anstieg hat nicht nur an der Erdoberfläche stattgefunden, sondern auch in mehreren Kilometern Höhe in der Atmosphäre, an der Oberfläche der Ozeane und sogar in Hunderten Metern Tiefe. Dies hat auch die Versauerung der Meere verstärkt und ihren Sauerstoffgehalt verringert. Die Gletscher ziehen sich zurück, die Schneedecken nehmen ab und der Meeresspiegel steigt stetig an.[10]

13. Das Einhergehen dieser globalen Klimaphänomene mit dem beschleunigten Anstieg der Treibhausgasemissionen, insbesondere seit Mitte des 20. Jahrhunderts, lässt sich nicht verbergen. Eine überwältigende Mehrheit der Klimawissenschaftler ver-

tritt diese Korrelation und nur ein winziger Prozentsatz von ihnen versucht, diese Evidenz zu bestreiten. Bedauerlicherweise ist die Klimakrise nicht gerade eine Angelegenheit, die die großen Wirtschaftsmächte interessiert, die sich um den höchstmöglichen Profit zu den geringstmöglichen Kosten und in der kürzestmöglichen Zeit bemühen.

14. Ich sehe mich gezwungen, diese Klarstellungen, die offenkundig erscheinen mögen, aufgrund bestimmter abschätziger und wenig vernünftiger Meinungen vorzunehmen, die ich selbst innerhalb der katholischen Kirche vorfinde. Aber wir können nicht mehr daran zweifeln, dass der Grund für die ungewöhnliche Geschwindigkeit dieser gefährlichen Veränderungen eine unbestreitbare Tatsache ist: die gewaltigen Entwicklungen, die mit dem ungezügelten Eingriff des Menschen in die Natur in den letzten zwei Jahrhunderten zusammenhängen. Natürliche Einflüsse, die typischerweise eine Erwärmung verursachen, wie Vulkanausbrüche und andere, reichen nicht aus, um das Ausmaß und die Geschwindigkeit der Veränderungen in den letzten Jahrzehnten zu erklären.[11] Die Entwicklung der durchschnittlichen Oberflächentemperaturen kann ohne den Effekt der zunehmenden Treibhausgase nicht erklärt werden.

SCHÄDEN UND RISIKEN

15. Einige Auswirkungen dieser Klimakrise sind bereits jetzt für mindestens Hunderte von Jahren unumkehrbar, wie der Anstieg der globalen Temperatur der Ozeane, deren Versauerung und Sauerstoffver-

armung. Die Ozeangewässer haben eine thermische Trägheit, und es dauert Jahrhunderte, bis sich Temperatur und Salzgehalt normalisieren, was das Überleben vieler Arten beeinträchtigt. Dies ist eines unter vielen Zeichen dafür, dass die übrigen Lebewesen dieser Welt nicht mehr unsere Weggefährten, sondern unsere Opfer sind.

16. Das Gleiche gilt für den Prozess, der zum Rückgang des Kontinentaleises führt. Das Abschmelzen der Pole kann für Hunderte von Jahren nicht rückgängig gemacht werden. Was das Klima betrifft, so gibt es Faktoren, die über lange Zeit weiter andauern, unabhängig von den Ereignissen, die sie ausgelöst haben. Aus diesem Grund können wir den enormen Schaden, den wir verursacht haben, nicht mehr aufhalten. Wir kommen bloß noch rechtzeitig, um noch dramatischere Schäden zu vermeiden.

17. Bestimmte apokalyptische Diagnosen erscheinen oft wenig vernünftig oder unzureichend begründet. Dies sollte uns nicht dazu verleiten, zu ignorieren, dass die reale Möglichkeit besteht, dass wir einen kritischen Punkt erreichen. Kleine Veränderungen können aufgrund der Trägheitsfaktoren große, unvorhergesehene und vielleicht bereits unumkehrbare Veränderungen auslösen. Auf diese Weise würde eine Kaskade von Ereignissen losgetreten, die sich wie ein Schneeballeffekt auswirkt. In einem solchen Fall kommt man immer zu spät, denn kein Eingreifen kann einen solchen einmal begonnenen Prozess aufhalten. Von dort gibt es kein Zurück mehr. Wir können nicht mit Gewissheit sagen, dass dies unter den derzeitigen Bedingungen der Fall sein wird. Es ist

aber gewiss eine Möglichkeit, wenn wir die bereits im Gange befindlichen Phänomene berücksichtigen, die das Klima „sensibilisieren", wie zum Beispiel das Schmelzen der Eisschilde, die Veränderung der Meeresströmungen, das Abholzen der tropischen Regenwälder und das Auftauen des Permafrostbodens in Russland.[12]

18. Deshalb braucht es dringend eine erweiterte Sicht der Dinge, die es uns erlaubt, nicht nur über die Wunder des Fortschritts zu staunen, sondern auch auf andere Auswirkungen zu achten, die man sich vor einem Jahrhundert wahrscheinlich nicht einmal vorstellen konnte. Es wird von uns nichts weiter verlangt als eine gewisse Verantwortung für das Erbe, das wir am Ende unseres Erdendaseins hinterlassen werden.

19. Schließlich können wir hinzufügen, dass die Covid-19-Pandemie die enge Verbindung zwischen dem menschlichen Leben und dem anderer Lebewesen und der Umwelt bestätigt hat. Vor allem aber hat sie bestätigt, dass das, was an irgendeinem Ort der Welt geschieht, Auswirkungen auf den gesamten Planeten hat. Dies erlaubt mir, zwei Überzeugungen zu bekräftigen, auf denen ich bis zum Überdruss bestehe: „Alles ist miteinander verbunden" und „Niemand rettet sich allein".

2. DAS WACHSENDE TECHNOKRATISCHE PARADIGMA

20. In Laudato si' habe ich das technokratische Paradigma kurz erläutert, das dem derzeitigen Prozess der Umweltzerstörung zugrunde liegt. Es handelt sich um „ein Verständnis des menschlichen Lebens und Handelns, das fehlgeleitet ist und der Wirklichkeit widerspricht bis zu dem Punkt, ihr zu schaden".[13] Im Grunde genommen besteht es darin, so zu denken, „als gingen die Wirklichkeit, das Gute und die Wahrheit spontan aus der technologischen und wirtschaftlichen Macht selbst hervor".[14] „Von da aus gelangt man" – als logische Konsequenz – „leicht zur Idee eines unendlichen und grenzenlosen Wachstums, das die Ökonomen, Finanzexperten und Technologen so sehr begeisterte."[15]

21. Während der vergangenen Jahre haben wir diese Diagnose bestätigen können und zugleich ein weiteres Fortschreiten dieses Paradigmas erlebt. Die künstliche Intelligenz und die jüngsten technologischen Neuerungen gehen von der Vorstellung eines Menschen ohne jegliche Grenzen aus, dessen Fähigkeiten und Möglichkeiten dank der Technologie bis ins Unendliche erweitert werden können. So nährt sich das technokratische Paradigma in ungeheurer Weise von sich selbst.

22. Die natürlichen Ressourcen, die die Technologie benötigt, wie Lithium, Silizium und viele andere,

sind gewiss nicht unbegrenzt, aber das größte Problem ist die Ideologie, der eine Besessenheit zugrunde liegt: Die menschliche Macht über alles Vorstellbare hinaus zu steigern, für die die nicht-menschliche Wirklichkeit nur eine Ressource zu ihren Diensten ist. Alles, was existiert, hört auf, ein Geschenk zu sein, das man würdigt, schätzt und pflegt, und wird zum Sklaven, zum Opfer einer beliebigen Laune des menschlichen Geistes und seiner Fähigkeiten.

23. Es ist erschreckend festzustellen: Die erweiterten Möglichkeiten der Technologie „geben denen, welche die Kenntnis und vor allem die wirtschaftliche Macht besitzen, sie einzusetzen, eine beeindruckende Gewalt über die gesamte Menschheit und die ganze Welt. Nie hatte die Menschheit so viel Macht über sich selbst, und nichts kann garantieren, dass sie diese gut gebrauchen wird, vor allem wenn man bedenkt, in welcher Weise sie sich gerade jetzt ihrer bedient [...]. In welchen Händen liegt so viel Macht, und in welche Hände kann sie gelangen? Es ist überaus gefährlich, dass sie bei einem kleinen Teil der Menschheit liegt."[16]

UNSEREN UMGANG MIT DER MACHT ÜBERDENKEN

24. Nicht jeder Zuwachs an Macht ist ein Fortschritt für die Menschheit. Es genügt, an die „bewundernswerten" Technologien zu denken, die genutzt wurden, um Bevölkerungen zu dezimieren, Atombomben

abzuwerfen und ethnische Gruppen auszulöschen. Das waren Momente in der Geschichte, in denen die Bewunderung für den Fortschritt uns verunmöglicht hat, die Schrecken seiner Auswirkungen zu sehen. Doch diese Gefahr besteht immer, „denn das enorme technologische Wachstum ging nicht mit einer Entwicklung des Menschen in Verantwortlichkeit, Werten und Gewissen einher [...]. In diesem Sinne ist er seiner eigenen Macht, die weiter wächst, ungeschützt ausgesetzt, ohne die Mittel zu haben, sie zu kontrollieren. Er mag über oberflächliche Mechanismen verfügen, doch wir können feststellen, dass er heute keine solide Ethik, keine Kultur und Spiritualität besitzt, die ihm wirklich Grenzen setzen und ihn in einer klaren Selbstbeschränkung zügeln.“[17] Es ist nicht verwunderlich, dass eine so große Macht in solchen Händen in der Lage ist, Leben zu zerstören, während die Denkmatrix des technokratischen Paradigmas uns verblendet und uns nicht erlaubt, dieses äußerst ernste Problem der gegenwärtigen Menschheit wahrzunehmen.

25. Entgegen dieses technokratischen Paradigmas sagen wir, dass die Welt um uns herum kein Objekt der Ausbeutung, der ungezügelten Nutzung und unbegrenzter Ambitionen ist. Wir können nicht einmal sagen, dass die Natur ein bloßer „Rahmen“ ist, in dem wir unser Leben und unsere Projekte entwickeln, denn „wir sind in sie eingeschlossen, sind ein Teil von ihr und leben mit ihr in wechselseitiger Durchdringung“,[18] man „betrachtet die Welt nicht von außen, sondern von innen her“.[19]

26. Dies schließt die Vorstellung aus, dass der Mensch ein Außenstehender ist, ein externer Faktor, der nur in der Lage ist, die Umwelt zu schädigen. Er muss als Teil der Natur betrachtet werden. Das menschliche Leben, die Intelligenz und die Freiheit sind in die Natur eingebettet, die unseren Planeten bereichert, und sie sind Teil seiner inneren Kräfte und seines Gleichgewichts.

27. Deshalb ist eine gesunde Umwelt auch das Ergebnis der Interaktion zwischen Mensch und Umwelt, wie es in den indigenen Kulturen der Fall ist und wie es über Jahrhunderte in verschiedenen Regionen der Erde geschehen ist. Menschliche Gruppen haben oft eine Umwelt „erschaffen"[20], sie haben sie in irgendeiner Weise neugestaltet, ohne sie zu zerstören oder zu gefährden. Das große aktuelle Problem ist, dass das technokratische Paradigma diese gesunde und harmonische Beziehung zerstört hat. Allerdings liegt die unabdingbare Überwindung eines solch schädlichen und zerstörerischen Paradigmas nicht in einer Verleugnung des Menschen, sondern beinhaltet die Interaktion der natürlichen Systeme „mit den Sozialsystemen".[21]

28. Wir müssen alle gemeinsam die Frage nach der menschlichen Macht, nach ihrem Sinn und nach ihren Grenzen neu bedenken. Denn unsere Macht hat sich in nur wenigen Jahrzehnten rasant gesteigert. Wir haben beeindruckende und erstaunliche technologische Fortschritte gemacht, und wir sind uns nicht bewusst, dass wir gleichzeitig zu höchst gefährlichen Wesen geworden sind, die das Leben vieler Geschöpfe und unser eigenes Überleben gefährden können. Wir

können heute mit der Ironie von Solowjew wiederholen: „Ein so weit fortgeschrittenes Jahrhundert, dass es, im Übrigen, das Glück hatte, das letzte zu sein".[22] Es braucht Klarheit und Ehrlichkeit, um rechtzeitig zu erkennen, dass unsere Macht und der Fortschritt, den wir erzeugen, sich gegen uns selbst richten.[23]

DER ETHISCHE STACHEL

29. Der ethische Verfall der tatsächlichen Macht wird durch Marketing und falsche Informationen verschleiert, die nützliche Mechanismen in den Händen derer sind, die über größere Mittel verfügen, um durch diese die öffentliche Meinung zu beeinflussen. Wenn ein Projekt mit starken Eingriffen in die Umwelt und erheblich belastenden Auswirkungen geplant ist, werden den Bewohnern des Gebiets mit Hilfe dieser Mechanismen Illusionen gemacht, indem man von dem lokalen Fortschritt spricht, der erzielt werden kann, oder von den wirtschaftlichen, beschäftigungspolitischen und menschlichen Entwicklungsmöglichkeiten, die dies für ihre Kinder bedeuten wird. Aber in Wirklichkeit sind sie nicht wirklich an der Zukunft dieser Menschen interessiert, denn es wird ihnen nicht klar gesagt, dass ein solches Projekt verwüstetes Land hinterlässt; wesentlich ungünstigere Lebens- und Wachstumsbedingungen; eine trostlose Region, weniger bewohnbar, ohne Leben und ohne die Freude des Zusammenlebens und der Hoffnung; ganz zu schweigen von dem globalen Schaden, der schließlich viele andere schädigen wird.

30. Man denke nur an die kurzlebige Freude über das Geld, das man im Austausch für die Lagerung von Atommüll an einem Standort erhält. Das mit diesem Geld erworbene Haus hat sich in ein Grab verwandelt, wegen der Krankheiten, die ausgelöst wurden. Und ich spreche nicht aus einer wilden Fantasie heraus, sondern aufgrund von etwas, das wir erlebt haben. Man könnte sagen, dass es sich um ein extremes Beispiel handelt, aber wir können hier nicht von „geringeren" Schäden sprechen, denn es ist gerade die Summe vieler als tolerierbar eingeschätzter Schäden, die uns am Ende in diese Situation bringt, in der wir uns jetzt befinden.

31. Diese Situation hat nicht nur mit der Physik oder der Biologie zu tun, sondern auch mit der Wirtschaft und unserer Weise, sie zu verstehen. Die Logik des maximalen Profits zu den niedrigsten Kosten, verschleiert als Rationalität, als Fortschritt und durch illusorische Versprechen, macht jede aufrichtige Sorge um das gemeinsame Haus und jede Sorge um die Förderung der Ausgestoßenen der Gesellschaft unmöglich. In den letzten Jahren konnten wir sehen, dass die Armen, die von den Versprechungen so vieler falscher Propheten verwirrt und entzückt sind, manchmal selbst auf die Täuschung einer Welt hereinfallen, die nicht zu ihren Gunsten aufgebaut wird.

32. Es gibt falsche Vorstellungen von der sogenannten „Leistungsgesellschaft", die zu einer „verdienten" menschlichen Macht geworden ist, der sich alles unterordnen muss, zu einer Herrschaft derer, die unter

besseren Entwicklungsbedingungen geboren wurden. Es ist eine Sache, eine gesunde Einstellung zum Wert der Anstrengung, zur Entwicklung der eigenen Fähigkeiten und zu einem lobenswerten Initiativgeist zu haben, wenn aber keine wirkliche Chancengleichheit angestrebt wird, wird dies leicht zu einer Projektionsfläche, die die Privilegien einiger weniger mit größerer Macht weiter festigt. Was kümmert sie bei dieser perversen Logik der Schaden am gemeinsamen Haus, wenn sie sich unter dem vermeintlichen Schutzschild der wirtschaftlichen Ressourcen, die sie durch ihre Fähigkeiten und Anstrengungen erworben haben, sicher fühlen?

33. Im eigenen Gewissen und angesichts der Kinder, die für den Schaden ihres Handelns bezahlen werden, stellt sich die Frage nach dem Sinn: Welchen Sinn hat mein Leben, was ist der Sinn meines Erdendaseins, was ist letztlich der Sinn meiner Arbeit und meiner Mühe?

3. DIE SCHWÄCHE DER INTERNATIONALEN POLITIK

34. „Die Geschichte liefert Indizien für einen Rückschritt", sodass „jede Generation sich die Kämpfe und die Errungenschaften der früheren Generationen zu eigen machen und sie zu noch höheren Zielen führen muss. Das ist der Weg. Das Gute, ebenso wie die Liebe, die Gerechtigkeit und die Solidarität, erlangt man nicht ein für alle Male; sie müssen jeden Tag neu errungen werden."[24] Um einen soliden und dauerhaften Fortschritt zu erzielen, plädiere ich dafür, dass „die multilateralen Abkommen zwischen den Staaten favorisiert werden".[25]

35. Es ist nicht angemessen, den Multilateralismus mit einer Weltautorität zu verwechseln, die in einer Person oder einer Elite mit übermäßiger Macht konzentriert ist: „Wenn von der Möglichkeit einer Form von politischer Weltautorität die Rede ist, die sich dem Recht unterordnet, so ist dabei nicht notwendigerweise an eine personale Autorität zu denken."[26] Wir sprechen vor allem von „wirksameren Weltorganisationen [...], die mit der Autorität ausgestattet sind, das weltweite Gemeinwohl, die Beseitigung von Hunger und Elend sowie die wirksame Verteidigung der Menschenrechte zu gewährleisten".[27] Es geht darum, dass sie mit echter Autorität ausgestattet sein müssen, um die Erfüllung bestimmter unverzichtbarer Ziele zu „gewährleisten". Dies würde zu einem Multilateralismus führen, der nicht von wechselnden politischen

Umständen oder den Interessen einiger weniger abhängt und der eine stabile Wirksamkeit hat.

36. Es bleibt bedauerlich, dass man globale Krisen verstreichen lässt, wo sie doch die Chance bieten würden, heilsame Veränderungen herbeizuführen.[28] So war es bei der Finanzkrise 2007–2008 und so war es auch bei der Covid-19-Krise. In der Tat scheint es, „dass die tatsächlichen Strategien, die sich im Anschluss daran weltweit entwickelt haben, auf mehr Individualismus und weniger Integration zielten, auf mehr Freiheit für die wahren Mächtigen, die immer ein Hintertürchen finden".[29]

DEN MULTILATERALISMUS NEU GESTALTEN

37. Die derzeitige Herausforderung scheint nicht so sehr darin zu bestehen, den alten Multilateralismus zu retten, sondern ihn zu rekonfigurieren und unter Berücksichtigung der neuen Weltlage neu zu gestalten. Ich lade dazu ein, anzuerkennen, dass „viele Vereinigungen und Organisationen der Zivilgesellschaft [dabei helfen], die Schwächen der internationalen Gemeinschaft, ihren Mangel an Koordination in komplexen Situationen, ihr Fehlen an Aufmerksamkeit für die grundlegenden Menschenrechte und für äußerst kritische Situationen einiger Gruppen auszugleichen"[30]. Diesbezüglich ist der Ottawa-Prozess gegen den Einsatz, die Produktion und die Herstellung von Antipersonenminen ein Beispiel dafür, wie die Zivilgesellschaft und ihre Organisationen in der Lage sind, effiziente Dynamiken zu schaffen, die

die Vereinten Nationen nicht erreichen. Auf diese Weise findet das Subsidiaritätsprinzip auch auf die global-lokale Beziehung Anwendung.

38. Mittelfristig begünstigt die Globalisierung einen spontanen kulturellen Austausch, ein größeres Wissen übereinander und Formen der Integration von Menschen, die zu einem Multilateralismus „von unten" führen, der nicht einfach von den Machteliten beschlossen wurde. Die Forderungen, die überall auf der Welt von unten kommen, wo sich engagierte Personen aus den unterschiedlichsten Ländern gegenseitig helfen und begleiten, können letztlich Druck auf die Machtverhältnisse ausüben. Es ist zu hoffen, dass dies im Hinblick auf die Klimakrise geschieht. Deshalb wiederhole ich: „Wenn die Bürger die nationale, regionale und kommunale politische Macht nicht kontrollieren, ist auch keine Kontrolle der Umweltschäden möglich."[31]

39. Die postmoderne Kultur hat eine neue Sensibilität gegenüber den Schwächeren und weniger Mächtigen hervorgebracht. Dies verbindet sich mit meinem Beharren in der Enzyklika Fratelli tutti auf dem Primat der menschlichen Person und der Verteidigung ihrer Würde unabhängig von allen Umständen. Es ist eine andere Art, zum Multilateralismus aufzurufen, um die wirklichen Probleme der Menschheit zu lösen und dabei vor allem die Würde der Person so zu achten, dass die Ethik Vorrang vor lokalen oder umständebedingten Zweckmäßigkeiten hat.

40. Es geht nicht darum, die Politik zu ersetzen, denn auf der anderen Seite gewinnen die aufstrebenden

Mächte zunehmend an Bedeutung und sind in der Tat in der Lage, wichtige Ergebnisse bei der Lösung konkreter Probleme zu erzielen, wie einige von ihnen während der Pandemie gezeigt haben. Gerade der Umstand, dass die Antworten auf die Probleme von jedem Land kommen können, mag es auch klein sein, führt dazu, den Multilateralismus als unausweichlichen Weg anzuerkennen.

41. Die alte Diplomatie, die sich ebenfalls in einer Krise befindet, stellt weiterhin ihre Bedeutung und Notwendigkeit unter Beweis. Ihr ist es allerdings noch nicht gelungen, ein Modell multilateraler Diplomatie zu entwickeln, das der neuen Weltlage gerecht wird. Aber wenn sie in der Lage ist, sich neu aufzustellen, dann wird sie Teil der Lösung sein müssen, denn auch die Erfahrung von Jahrhunderten kann nicht verworfen werden.

42. Die Welt ist im Begriff, so multipolar und zugleich so komplex zu werden, dass ein anderer Rahmen für eine effektive Zusammenarbeit erforderlich wird. Es reicht nicht, über Machtgleichgewichte nachzudenken, sondern es ist auch notwendig, auf neue Herausforderungen zu antworten und mit globalen Mechanismen auf ökologische, gesundheitliche, kulturelle und soziale Herausforderungen zu reagieren, insbesondere um die Achtung der elementaren Menschenrechte, der sozialen Rechte und der Sorge um das gemeinsame Haus zu festigen. Es geht darum, universale und effiziente Regeln aufzustellen, die diesen weltweiten Schutz gewährleisten.

43. All dies setzt voraus, dass ein neues Verfahren der Entscheidungsfindung und der Legitimierung dieser Beschlüsse umgesetzt wird, weil das vor mehreren Jahrzehnten eingerichtete Verfahren nicht ausreicht und nicht effektiv zu sein scheint. In diesem Kontext sind notwendigerweise Räume des Gesprächs, der Konsultation, der Schlichtung, der Konfliktlösung und der Supervision, letztendlich also eine Art größere „Demokratisierung“ auf Weltebene erforderlich, damit die verschiedenen Situationen wahrgenommen und einbezogen werden können. Es wird nicht mehr hilfreich sein, Institutionen aufrechtzuerhalten, die die Rechte der Stärksten wahren, ohne sich um die Rechte aller zu kümmern.

4. DIE KLIMAKONFERENZEN: FORTSCHRITTE UND MISSERFOLGE

44. Seit Jahrzehnten versammeln sich Vertreter von mehr als 190 Ländern regelmäßig, um sich mit der Klimafrage zu befassen. Die Konferenz von Rio de Janeiro im Jahr 1992 führte zum Rahmenübereinkommen der Vereinten Nationen über Klimaänderungen (UNFCCC), einem Vertrag, der in Kraft trat, als die erforderlichen Ratifizierungen durch die Unterzeichnerstaaten im Jahr 1994 erreicht wurden. Diese Staaten versammeln sich jedes Jahr auf der Konferenz der Vertragsparteien (COP), dem höchsten Entscheidungsgremium. Einige dieser Konferenzen sind gescheitert, wie die in Kopenhagen (2009), während andere wichtige Schritte ermöglichten, wie die COP3 in Kyoto (1997). Deren bedeutendes Protokoll legte das Ziel fest, die gesamten Treibhausgasemissionen im Vergleich zu 1990 um 5 Prozent zu reduzieren. Die Frist war 2012, aber offenkundig wurde sie nicht eingehalten.

45. Alle Vertragsparteien verpflichteten sich außerdem, Anpassungsprogramme einzuführen, um die bereits bestehenden Auswirkungen des Klimawandels zu verringern. Außerdem wurde eine Unterstützung zur Deckung der Kosten dieser Maßnahmen in Entwicklungsländern vorgesehen. Das Protokoll ist 2005 in Kraft getreten.

46. Später wurde ein Mechanismus für durch den Klimawandel herbeigeführte Schäden und Verluste

vorgeschlagen, der die reichsten Länder als Hauptverantwortliche ausmacht und darauf abzielt, die verursachten verheerenden Auswirkungen in den schwächsten Ländern auszugleichen. Es geht nicht mehr darum, die „Anpassung“ dieser Länder zu finanzieren, sondern darum, die Schäden zu kompensieren, die sie bereits erlitten haben. Dieses Thema war Gegenstand wichtiger Diskussionen bei verschiedenen COP.

47. Die COP21 in Paris (2015) war ein weiterer bedeutender Moment, denn sie führte zu einer Vereinbarung, die alle einbezog. Angesichts der Tatsache, dass die in der vorherigen Phase festgelegten Ziele nicht erreicht wurden, kann sie als Neuanfang angesehen werden. Das Abkommen ist am 4. November 2016 in Kraft getreten. Es handelt sich zwar um ein verbindliches Abkommen, aber nicht alle Bestimmungen sind Verpflichtungen im strengen Sinne, und einige von ihnen lassen einen großen Ermessensspielraum zu. Darüber hinaus sieht es selbst für nicht erfüllte Verpflichtungen keine eigentlichen Sanktionen vor und es gibt auch keine wirksamen Instrumente, um deren Einhaltung sicherzustellen. Es sieht zudem Formen der Flexibilität für die Entwicklungsländer vor.

48. Das Pariser Abkommen setzt ein wichtiges langfristiges Ziel, nämlich den Anstieg der globalen Durchschnittstemperaturen unter 2 Grad Celsius über dem vorindustriellen Niveau zu halten und gleichzeitig weniger als 1,5 Grad Celsius anzustreben. Man arbeitet noch daran, konkrete Überwachungsverfahren

festzulegen und allgemeine Vergleichskriterien für die Ziele der verschiedenen Länder aufzustellen. Dies erschwert eine objektivere (quantitative) Bewertung der tatsächlichen Ergebnisse.

49. Nach einigen Konferenzen mit dürftigen Ergebnissen und der Enttäuschung der COP25 in Madrid (2019) hoffte man, dass diese Trägheit auf der COP26 in Glasgow (2021) überwunden würde. Im Grunde kam man dort zu dem Ergebnis, das Pariser Abkommen neu zu beleben, das durch die Zwänge und Auswirkungen der Pandemie infrage gestellt worden war. Darüber hinaus gab es eine Fülle von „Aufrufen", von denen man sich kaum echte Auswirkungen erwarten konnte. Die Vorschläge zur Gewährleistung eines raschen und effektiven Übergangs zu alternativen, weniger umweltschädlichen Energieformen konnten nicht weiterentwickelt werden.

50. Die COP27 in Sharm El Sheikh (2022) war von Anfang an durch die Situation bedroht, die durch die Invasion in der Ukraine entstanden war, welche eine große Wirtschafts- und Energiekrise verursachte. Der Einsatz von Kohle nahm zu und alle wollten ihre Versorgung sichern. Die Entwicklungsländer betrachteten den Zugang zu Energie und Entwicklungsmöglichkeiten als dringende Priorität. Es wurde klar erkannt, dass die fossilen Brennstoffe immer noch 80 Prozent der weltweiten Energieversorgung ausmachen und dass ihre Nutzung weiter zunimmt.

51. Diese Konferenz in Ägypten war ein weiteres Beispiel für die Schwierigkeiten der Verhandlungen.

Man könnte sagen, dass sie zumindest einen Fortschritt bei der Konsolidierung des Systems zur Finanzierung von „Verlusten und Schäden“ in den am stärksten von Klimakatastrophen betroffenen Ländern gebracht hat. Dies schien den Entwicklungsländern eine neue Stimme und eine größere Teilhabe zu geben. Aber selbst bei diesem Thema blieben viele Punkte vage, insbesondere die konkrete Verantwortung der Länder, die einen Beitrag leisten sollen.

52. Heute können wir nach wie vor feststellen, dass „die getroffenen Vereinbarungen nur ein geringes Maß an praktischer Umsetzung [erfuhren], weil keine geeigneten Mechanismen zur Kontrolle, zur periodischen Überprüfung und zur Bestrafung der Zuwiderhandlungen eingerichtet wurden. Die formulierten Grundsätze fordern weiterhin wirksame und schnelle Wege der konkreten Verwirklichung“.[32] Und ebenso können „die internationalen Verhandlungen [...] keine namhaften Fortschritte machen aufgrund der Positionen der Länder, die es vorziehen, ihre nationalen Interessen über das globale Gemeinwohl zu setzen. Diejenigen, welche unter den Folgen leiden werden, die wir zu überspielen suchen, werden an diesen Mangel an Gewissen und an Verantwortlichkeit erinnern“.[33]

5. WAS IST VON DER COP28 IN DUBAI ZU ERWARTEN?

53. Die Vereinigten Arabischen Emirate werden die nächste Konferenz der Vertragsparteien (COP28) ausrichten. Es ist ein Land am Persischen Golf, das als großer Exporteur fossiler Energie gilt, auch wenn es erhebliche Investitionen in erneuerbare Energien getätigt hat. Zugleich streben die Öl- und Gasunternehmen dort neue Projekte an, um die Produktion noch weiter auszubauen. Zu sagen, dass man sich nichts zu erwarten braucht, gliche einer Selbstverstümmelung, denn es würde bedeuten, die gesamte Menschheit, insbesondere die Ärmsten, den schlimmsten Auswirkungen des Klimawandels auszusetzen.

54. Wenn wir auf die Fähigkeit des Menschen vertrauen, über seine kleinen Interessen hinauszugehen und im Großen zu denken, können wir nur hoffen, dass die COP28 zu einer deutlichen Beschleunigung der Energiewende mit wirksamen Verpflichtungen führt, die einer dauerhaften Überwachung unterliegen. Diese Konferenz kann ein Wendepunkt sein, der beweist, dass alles, was seit 1992 getan wurde, ernsthaft war und sich gelohnt hat, andernfalls wird sie eine große Enttäuschung sein und all das Gute, das bisher erreicht werden konnte, in Gefahr bringen.

55. Trotz der vielen Verhandlungen und Vereinbarungen sind die weltweiten Emissionen weiter gestiegen. Es stimmt, dass man behaupten kann, dass

sie ohne diese Abkommen noch stärker angestiegen wären. Aber bei anderen Umweltthemen wurden, wenn der Wille vorhanden war, sehr bedeutende Ergebnisse erzielt, wie beim Schutz der Ozonschicht. Demgegenüber geht der notwendige Übergang weg von fossilen Brennstoffen und hin zu sauberen Energiequellen wie Wind- und Solarenergie nicht schnell genug voran. Folglich besteht die Gefahr, dass das, was getan wird, nur als Ablenkungsmanöver interpretiert wird.

56. Wir müssen diese Logik überwinden, dass wir einerseits ein Problembewusstsein an den Tag legen und gleichzeitig nicht den Mut haben, wesentliche Veränderungen herbeizuführen. Wir wissen, dass wir bei diesem Tempo in nur wenigen Jahren die wünschenswerte Höchstgrenze von 1,5 Grad Celsius überschreiten werden und nur wenig später 3 Grad Celsius erreichen könnten, mit dem hohen Risiko, an einen kritischen Punkt zu gelangen. Selbst wenn dieser Punkt, von dem es kein Zurück mehr gibt, nicht erreicht würde, wären die Auswirkungen katastrophal und es müssten in aller Eile unter enormen Kosten und mit äußerst schwerwiegenden und unerträglichen wirtschaftlichen und sozialen Folgen Maßnahmen ergriffen werden. Wenn auch die Maßnahmen, die wir jetzt anwenden, mit Kosten verbunden sind, so werden diese noch wesentlich höher sein, je länger wir warten.

57. Ich halte es für wesentlich, darauf zu bestehen, dass „einfach nur eine technische Lösung für jedes auftretende Umweltproblem zu suchen bedeutet,

Dinge zu isolieren, die in der Wirklichkeit miteinander verknüpft sind, und die wahren und tiefsten Probleme des weltweiten Systems zu verbergen".[34] Es stimmt, dass Anpassungsbemühungen angesichts kurzfristig unumkehrbarer Übel notwendig sind; einige Eingriffe und technologische Fortschritte zur Absorption oder Bindung der emittierten Gase sind ebenfalls positiv; aber wir laufen Gefahr, in einer Logik des Ausbesserns, des Flickens und des Anbindens gefangen zu bleiben, während im Untergrund ein Prozess der Verschlechterung voranschreitet, den wir weiter fördern. Die Annahme, dass jedes künftige Problem mit neuen technischen Eingriffen gelöst werden kann, ist ein fataler Pragmatismus, der einen Schneeballeffekt hervorrufen würde.

58. Hören wir endlich auf mit dem unverantwortlichen Spott, der dieses Thema als etwas bloß Ökologisches, „Grünes", Romantisches darstellt, das oft von wirtschaftlichen Interessen ins Lächerliche gezogen wird. Geben wir endlich zu, dass es sich um ein in vielerlei Hinsicht menschliches und soziales Problem handelt. Deshalb bedarf es einer Beteiligung von allen. Auf Klimakonferenzen ziehen die Aktionen von sogenannten „radikalisierten" Gruppen oft die Aufmerksamkeit auf sich. In Wirklichkeit füllen sie jedoch eine Lücke in der Gesellschaft als Ganzer, die einen gesunden „Druck" ausüben müsste, denn es liegt an jeder Familie, zu bedenken, dass die Zukunft ihrer Kinder auf dem Spiel steht.

59. Wenn ein aufrichtiges Interesse besteht, die COP28 zu einer historischen Konferenz zu machen,

die uns als Menschen ehrt und adelt, dann können wir nur auf verbindliche Formen der Energiewende hoffen, die drei Merkmale aufweisen sollten: dass sie effizient sind, dass sie verpflichtend sind und dass sie leicht überwacht werden können. Damit soll erreicht werden, dass ein neuer Prozess eingeleitet wird, der drastisch und intensiv ist und auf das Engagement aller zählen kann. Das ist auf dem bisherigen Weg nicht geschehen, aber allein mit einem solchen Prozess wäre es möglich, die Glaubwürdigkeit der internationalen Politik zurückzugewinnen, denn nur auf diese konkrete Weise wird es möglich sein, das Kohlendioxid nennenswert zu reduzieren und rechtzeitig die schlimmsten Übel zu vermeiden.

60. Hoffen wir, dass diejenigen, die sich einbringen, strategisch fähig sind, an das Gemeinwohl und an die Zukunft ihrer Kinder zu denken, statt an umstandsbedingte Interessen einiger Länder oder Unternehmen. Mögen sie auf diese Weise den edlen Charakter der Politik sichtbar machen und nicht deren beschämende Züge. An die Mächtigen erlaube ich mir erneut diese Frage zu richten: „Warum möchte man heute eine Macht bewahren, die in die Erinnerung eingehen wird wegen ihrer Unfähigkeit einzugreifen, als es dringend und notwendig war?“[35]

6. GEISTLICHE BEWEGGRÜNDE

61. Ich möchte es nicht unterlasssen, die katholischen Gläubigen an die Beweggründe zu erinnern, die sich aus ihrem Glauben ergeben. Ich ermutige die Brüder und Schwestern anderer Religionen, dasselbe zu tun, denn wir wissen, dass echter Glaube nicht nur das menschliche Herz stärkt, sondern das ganze Leben verwandelt, die eigenen Ziele verändert und die Beziehung zu den anderen wie auch die Verbindung mit der ganzen Schöpfung in eine neues Licht taucht.

IM LICHT DES GLAUBENS

62. Die Bibel berichtet, „Gott sah alles an, was er gemacht hatte: Und siehe, es war sehr gut" (Gen 1,31). Ihm gehört „die Erde und alles, was auf ihr lebt" (Dtn 10,14). Deshalb sagt er uns: „Das Land darf nicht endgültig verkauft werden; denn das Land gehört mir und ihr seid nur Fremde und Beisassen bei mir" (Lev 25,23). Deshalb gilt: „Diese Verantwortung gegenüber einer Erde, die Gott gehört, beinhaltet, dass der Mensch, der vernunftbegabt ist, die Gesetze der Natur und die empfindlichen Gleichgewichte unter den Geschöpfen auf dieser Welt respektiert."[36]

63. Auf der anderen Seite zeigt „die Gesamtheit des Universums mit seinen vielfältigen Beziehungen [...]

am besten den unerschöpflichen Reichtum Gottes“; daher müssen wir, um weise zu sein, „die Verschiedenheit der Dinge in ihren vielfältigen Beziehungen wahrnehmen“.[37] Auf diesem Weg der Weisheit ist es für uns nicht unerheblich, dass viele Arten aussterben und dass die Klimakrise das Leben so vieler Wesen bedroht.

64. Jesus „konnte andere auffordern, auf die Schönheit zu achten, die es in der Welt gibt, denn er selbst war in ständigem Kontakt mit der Natur und widmete ihr eine von Liebe und Staunen erfüllte Aufmerksamkeit. Wenn er jeden Winkel seines Landes durchstreifte, verweilte er dabei, die von seinem Vater ausgesäte Schönheit zu betrachten, und lud seine Jünger ein, in den Dingen eine göttliche Botschaft zu erkennen“.[38]

65. Gleichzeitig „erscheinen uns die Geschöpfe dieser Welt nicht mehr als eine bloß natürliche Wirklichkeit, denn geheimnisvoll umschließt sie der Auferstandene und richtet sie auf eine Bestimmung der Fülle aus. Die gleichen Blumen des Feldes und die Vögel, die er mit seinen menschlichen Augen voll Bewunderung betrachtete, sind jetzt erfüllt von seiner strahlenden Gegenwart“.[39] Es entfaltet sich „das Universum [...] in Gott, der es ganz und gar erfüllt. So liegt also Mystik in einem Blütenblatt, in einem Weg, im morgendlichen Tau, im Gesicht des Armen“.[40] Die Welt lässt ein Lied unendlicher Liebe erklingen, wie könnten wir nicht für sie sorgen?

GEMEINSAM UND ENGAGIERT UNTERWEGS SEIN

66. Gott hat uns mit allen seinen Geschöpfen verbunden. Allerdings kann uns das technokratische Paradigma von der Welt um uns herum isolieren und uns darüber hinwegtäuschen, dass die ganze Welt eine „Kontaktzone" ist.[41]

67. Die jüdisch-christliche Weltanschauung besteht auf dem besonderen und zentralen Wert des Menschen inmitten des wunderbaren Konzerts aller Lebewesen, aber heute sind wir gezwungen zu erkennen, dass man nur von einem „situierten Anthropozentrismus" sprechen kann. Das heißt, wir müssen anerkennen, dass das menschliche Leben ohne andere Lebewesen nicht verstanden und nicht aufrechterhalten werden kann. Es gilt, „dass sämtliche Geschöpfe des Universums, da sie von ein und demselben Vater erschaffen wurden, durch unsichtbare Bande verbunden sind und wir alle miteinander eine Art universale Familie bilden, eine sublime Gemeinschaft, die uns zu einem heiligen, liebevollen und demütigen Respekt bewegt".[42]

68. Dies ist kein Produkt unseres Willens, sondern hat einen anderen Ursprung, der an der Wurzel unseres Daseins liegt, denn „durch unsere Leiblichkeit hat Gott uns so eng mit der Welt, die uns umgibt, verbunden, dass die Desertifikation des Bodens so etwas wie eine Krankheit für jeden Einzelnen ist, und wir können das Aussterben einer Art beklagen, als wäre es eine Verstümmelung".[43] Machen wir also Schluss mit der Vorstellung eines autonomen, allmächtigen,

unbegrenzten Menschen und überdenken wir uns selbst, um uns auf eine demütigere und umfassendere Weise zu verstehen.

69. Ich lade einen jeden ein, diesen Weg der Versöhnung mit der Welt, die uns beherbergt, zu begleiten und ihn mit einem eigenen Beitrag zu bereichern, denn unser Engagement hat mit der persönlichen Würde und den großen Werten zu tun. Ich kann jedoch nicht bestreiten, dass es notwendig ist, aufrichtig zu sein und anzuerkennen, dass die wirksamsten Lösungen nicht allein von individuellen Bemühungen, sondern vor allem von bedeutenden Entscheidungen in der nationalen und internationalen Politik kommen werden.

70. Gleichwohl trägt alles zum Ganzen bei und das Verhindern des globalen Temperaturanstiegs um ein Zehntelgrad könnte schon reichen, um vielen Menschen Leid zu ersparen. Aber was zählt, ist etwas weniger Quantitatives, nämlich die Erinnerung daran, dass es keine dauerhaften Veränderungen ohne kulturellen Wandel gibt, ohne eine Reifung im Lebensstil und der gesellschaftlichen Überzeugungen, und es gibt keinen kulturellen Wandel ohne einen Wandel in den Menschen.

71. Das Bemühen der Haushalte um weniger Verschmutzung, um eine Reduzierung des Abfalls und um einen umsichtigen Konsum schafft eine neue Kultur. Der bloße Umstand, die persönlichen, familiären und gemeinschaftlichen Gewohnheiten zu ändern, nährt die Besorgnis angesichts nicht wahrge-

nommener Verantwortung durch politische Akteure und die Empörung gegenüber dem Desinteresse der Mächtigen. Es ist also festzustellen, dass es durchaus hilft, große Transformationsprozesse in Gang zu setzen, die aus der Tiefe der Gesellschaft heraus wirken, auch wenn dies quantitativ gesehen nicht unmittelbar zu sehr relevanten Auswirkungen führt.

72. Wenn wir bedenken, dass die Emissionen pro Person in den Vereinigten Staaten ungefähr doppelt so hoch sind wie die eines Einwohners von China und circa siebenmal so hoch wie der Durchschnitt der ärmeren Länder,[44] dann können wir bekräftigen, dass eine umfassende Veränderung des unverantwortlichen Lebensstils, der mit dem westlichen Modell verbunden ist, eine bedeutende langfristige Wirkung hätte. Zusammen mit den unentbehrlichen politischen Entscheidungen wären wir so auf dem Weg der gegenseitigen Fürsorge.

73. „Lobt Gott" ist der Name dieses Schreibens. Denn ein Mensch, der sich anmaßt, sich an die Stelle Gottes zu setzen, wird zur schlimmsten Gefahr für sich selbst.

Gegeben zu Rom, bei Sankt Johannes im Lateran,
am 4. Oktober, dem Fest des heiligen Franz von Assisi,
im Jahr 2023, dem elften meines Pontifikats.

FRANZISKUS

Anmerkungen

1. Laudato si'

1 *Sonnengesang*: *Fonti Francescane* (*FF*) 263 (dt. Ausg.: *Franziskus-Quellen*, Kevelaer 2009, S. 40-41).

2 Apostolisches Schreiben *Octogesima adveniens* (14. Mai 1971), 21: *AAS* 63 (1971), S. 416-417.

3 *Ansprache an die FAO anlässlich ihres 25-jährigen Jubiläums* (16. November 1970), 4: *AAS* 62 (1970), S. 833.

4 Enzyklika *Redemptor hominis* (4. März 1979), 15: *AAS* 71 (1979), S. 287.

5 Vgl. *Generalaudienz* (17. Januar 2001), 4: *L'Osservatore Romano* (dt.), Jg. 31, Nr. 4 (26. Januar 2001), S. 2; *Insegnamenti* 24/1 (2001), S. 179.

6 Enzyklika *Centesimus annus* (1. Mai 1991), 38: *AAS* 83 (1991), S. 841.

7 *Ebd.*, 58: *AAS* 83 (1991), S. 863.

8 Johannes Paul II., Enzyklika *Sollicitudo rei socialis* (30. Dezember 1987), 34: *AAS* 80 (1988), S. 559.

9 Vgl. Ders., Enzyklika *Centesimus annus* (1. Mai 1991), 37: *AAS* 83 (1991), S. 840.

10 *Ansprache an das beim Heiligen Stuhl akkreditierte Diplomatische Corps* (8. Januar 2007): *AAS* 99 (2007), S. 73.

11 Enzyklika *Caritas in veritate* (29. Juni 2009), 51: *AAS* 101 (2009), S. 687.

12 *Ansprache an den Deutschen Bundestag in Berlin* (22. September 2011): *L'Osservatore Romano* (dt.) Jg. 41, Nr. 39 (30. September 20011), S. 5; *AAS* 103 (2011), S. 664.

13 *Begegnung mit dem Klerus der Diözese Bozen-Brixen* (6. August 2008): *AAS* 100 (2008), S. 634.

14 *Message upon the World Day of Prayer for the Protection of Creation* (1. September 2012).

15 *Ansprache an das Umwelt-Symposium*, Santa Barbara, Kalifornien (8. November 1997); Vgl. auch John Chryssavgis, *On Earth as in Heaven: Ecological Vision and Initiatives of Ecumenical Patriarch Batholomew*, Bronx, New York 2012.

16 *Ebd.*

17 *Vortrag im Kloster von Utstein*, Norwegen (23. Juni 2003).

18 Bartholomäus, Ansprache beim Halki Summit I, *Global Responsibility and Ecological Sustainability: Closing Remarks*, Istanbul (20. Juni 2012).

19 Thomas von Celano, *Erste Lebensbeschreibung des hl. Franziskus*, I. Buch, XXIX, 81: *FF* 460 (dt. Ausg.: *Franziskusquellen*, Kevelaer 2009, S. 248).

20 *Legenda Maior*, VIII, 6: *FF* 1145 (dt. Ausg: *ebd.*, S. 736).

21 Vgl. Thomas von Celano, *Zweite Lebensbeschreibung des hl. Franziskus*, CXXIV, 165: *FF* 750 (dt. Ausg.: *Franziskusquellen*, Kevelaer 2009, S. 390).

22 Konferenz der katholischen Bischöfe Südafrikas, *Pastoral Statement on the Environmental Crisis* (5. September 1999).

23 Vgl. *Grußwort an das Personal der FAO* (20. November 2014): *AAS* 106 (2014), S. 985.

24 V. Generalversammlung des Episkopats von Lateinamerika und der Karibik, *Dokument von Aparecida* (29. Juni 2007), 86.

25 Konferenz der Katholischen Bischöfe der Philippinen, Hirtenbrief *What is Happening to our Beautiful Land?* (29. Januar 1988).

26 Bolivianische Bischofskonferenz, Hirtenbrief über Umwelt und menschliche Entwicklung in Bolivien *El universo, don de Dios para la vida* (2012), 17.

27 Vgl. Deutsche Bischofskonferenz, Kommission für gesellschaftliche und soziale Fragen *Der Klimawandel: Brennpunkt globaler, intergenerationeller und ökologischer Gerechtigkeit* (September 2006), 28-30.

28 Päpstlicher Rat für Gerechtigkeit und Frieden, *Kompendium der Soziallehre der Kirche*, Freiburg 2006, 483.

29 *Generalaudienz* (5. Juni 2013): *L'Osservatore Romano* (dt.), Jg. 43, Nr. 24 (14. Juni 2013), S. 2; *Insegnamenti* 1/1 (2013), S. 280.

30 Bischöfe der Region Patagonia-Comahue (Argentinien), *Weihnachtsbotschaft* (Dezember 2009), 2.

31 Konferenz der Katholischen Bischöfe der Vereinigten Staaten, *Global Climate Change: A Plea for Dialogue, Prudence and the Common Good* (15. Juni 2001).

32 V. Generalversammlung des Episkopats von Lateinamerika und der Karibik, *Dokument von Aparecida* (29. Juni 2007), 471.

33 Apostolisches Schreiben *Evangelii gaudium* (24. November 2013), 56: *AAS* 105 (2013), S. 1043.

34 Johannes Paul II., *Botschaft zum Weltfriedenstag 1990*, 12: *L'Osservatore Romano* (dt.), Jg.19, Nr. 50 (15. Dezember 1989), S. 7; *AAS* 82 (1990), S. 154.

35 Ders., *Generalaudienz* (17. Januar 2001), 3: *L'Osservatore Romano* (dt.) Jg. 31, Nr. 4 (26. Januar 2001), S. 2; *Insegnamenti* 24/1 (2001), S. 178.

36 Johannes Paul II., *Botschaft zum Weltfriedenstag 1990*, 15: *L'Osservatore Romano* (dt.), Jg.19, Nr. 50 (15. Dezember 1989), S. 8; *AAS* 82 (1990), S. 156.

37 *Katechismus der Katholischen Kirche*, 357.

38 Vgl. *Botschaft an die Behinderten*, Apostolische Reise in die Bundesrepublik Deutschland, Angelus (16. November 1980): *L'Osservatore Romano* (dt.), Jg. 10, Nr. 47 (21. November 1980), S. 10; *Insegnamenti* 3/2 (1980), S. 1232.

39 Benedikt XVI., *Homilie zur feierlichen Amtseinführung* (24. April 2005): *L'Osservatore Romano* (dt.) Jg. 35, Nr. 17 (29. April 2005), S. 3; *AAS* 97 (2005), S. 711.

40 *Legenda Maior*, VIII, 1: *FF* 1134 (dt. Ausg.: *Franziskusquellen*, Kevelaer 2009, S. 733).

41 *Katechismus der Katholischen Kirche*, 2416.

42 Deutsche Bischofskonferenz, *Zukunft der Schöpfung - Zukunft der Menschheit. Erklärung der Deutschen Bischofskonferenz zu Fragen der Umwelt und der Energieversorgung* (1980), II, 2.

43 *Katechismus der Katholischen Kirche*, 339.

44 *Hom. in Hexaemeron*, 1, 2, 10: *PG* 29, Sp. 9.

45 *Divina Commedia. Paradiso*, 33. Gesang, 145.

46 Benedikt XVI., *Generalaudienz* (9. November 2005), 3: *L'Osservatore Romano* (dt.), Jg. 35, Nr. 46 (18. November 2005), S. 2; *Insegnamenti* 1 (2005), S. 768.

47 Ders., Enzyklika *Caritas in veritate* (29. Juni 2009), 51: *AAS* 101 (2009), S. 687.

48 Johannes Paul II., *Generalaudienz* (24. April 1991), 6: *L'Osservatore Romano* (dt.), Jg. 21, Nr. 18 (3. Mai 1991), S. 2; *Insegnamenti* 14/1 (1991) S. 856.

49 Der *Katechismus* erklärt, dass Gott eine Welt erschaffen wollte, die auf dem Weg zu ihrer letzten Vollkommenheit ist, und dass dies das Vorhandensein der Unvollkommenheit und des physischen Übels mit sich bringt: vgl. *Katechismus der Katholischen Kirche*, 310.

50 Vgl. Zweites Vatikanisches Konzil, Past. Konst. *Gaudium et spes* über die Kirche in der Welt von heute, 36.

51 Thomas von Aquin, *Summa Theologiae* I, q. 104, art. 1, ad 4.

52 Ders., *In octo libros Physicorum Aristotelis expositio*, Lib. II, lectio 14, n. 8.

53 Auf dieser Linie liegt auch der entsprechende Beitrag von Pierre Teilhard de Chardin SJ: vgl. Paul VI., *Ansprache beim Besuch der chemisch-pharmazeutischen Fabrik I.C.A.R.* (24. Februar 1966): *Insegnamenti* 4 (1966), S. 992-993; Johannes Paul II., *Brief an P. George V. Coyne* (1. Juni 1988): *Insegnamenti* 11/2

(1988), S. 1715; Benedikt XVI., *Homilie in der Feier der Vesper in der Kathedrale von Aosta* (24. Juli 2009): *L'Osservatore Romano* (dt.) Jg. 39, Nr. 31/32 (31. Juli 2009), S. 7; *Insegnamenti* 5/2 (2009), S. 60.

54 Johannes Paul II., *Generalaudienz* (30. Januar 2002), 6: *L'Osservatore Romano* (dt.) Jg. 32, Nr. 6 (8. Februar 2002), S. 2; *Insegnamenti* 25/1 (2002), S. 1240.

55 Katholische Bischofskonferenz von Kanada. Kommission für soziale Angelegenheiten, Hirtenbrief „*You Love All That Exists ... All Things Are Yours, God, Lover of Life*" (4. Oktober 2003), 1.

56 Konferenz der Katholischen Bischöfe Japans, *Reverence for Life. A Message for the Twenty-First Century* (1. Januar 2001), 89.

57 Johannes Paul II., *Generalaudienz* (26. Januar 2000), 5: *L'Osservatore Romano* (dt.) Jg. 30, Nr. 5 (4. Februar 2000), S. 2; *Insegnamenti* 23/1 (2000), S. 123.

58 Ders., *Generalaudienz* (2. August 2000), 3: *L'Osservatore Romano* (dt.) Jg. 30, Nr. 32/33 (11. August 2000), S. 2; *Insegnamenti* 23/2 (2000), S. 112.

59 Paul Ricœur, *Philosophie della volonté. 2. Finitude et Culpabilité*, Paris 2009, S. 216.

60 *Summa Theologiae* I, q.47, art. 1.

61 *Ebd.*

62 Vgl. *ebd.*, art. 2, ad 1; art. 3.

63 *Katechismus der Katholischen Kirche*, 340.

* Im Italienischen ist die Sonne ("frate Sole") männlich und der Mond („sora Luna") weiblich (Anm. d. Übers.).

** Das hier mit "durch" übersetzte italienische "per" ist vielschichtig zu verstehen und bedeutet zugleich „wegen" und „für" (Anm. d. Übers.).

64 *Sonnengesang*: *FF* 263 (dt. Ausg.: *Franziskusquellen*, Kevelaer 2009, S. 40-41).

65 Vgl. Nationale Konferenz der Bischöfe Brasiliens, *A Igreja e a questão ecológica* (1992), 53-54.

66 *Ebd.*, 61.

67 Apostolisches Schreiben *Evangelii gaudium* (24. November 2013), 215: *AAS* 105 (2013), S. 1109.

68 Vgl. Benedikt XVI., Enzyklika *Caritas in veritate* (29. Juni 2009), 14: *AAS* 101 (2009), S. 650.

69 *Katechismus der Katholischen Kirche*, 2418.

70 Konferenz des Dominikanischen Episkopats, *Carta pastoral sobre la relación del hombre con la naturaleza* (21. Januar 1987).

71 Johannes Paul II., Enzyklika *Laborem exercens* (14. September 1981), 19: *AAS* 73 (1981), S. 626.

72 Enzyklika *Centesimus annus* (1. Mai 1991), 31: *AAS* 83 (1991), S. 831.

73 Enzyklika *Sollicitudo rei socialis* (30. Dezember 1987), 33: *AAS* 80 (1988), S. 557.

74 *Ansprache an die Indios und Campesinos,* Cuilapán, Mexikanische Republik (29. Januar 1979), 6: *L'Osservatore Romano* (dt.) Jg. 9, Nr. 7 (16. Februar 1979), S. 7; *AAS* 71 (1979), S. 209.

75 *Homilie in der Messe für die Landarbeiter in Recife*, Brasilien (7. Juli 1980), 4: *L'Osservatore Romano* (dt.) Jg. 19, Nr. 30 (25. Juli 1980), S. 8; *AAS* 72 (1980), S. 926.

76 Vgl. *Botschaft zum Weltfriedenstag 1990*, 8: *L'Osservatore Romano* (dt.) Jg. 19, Nr. 50 (15. Dezember 1989), S. 7; *AAS* 82 (1990), S. 152.

77 Bischofskonferenz von Paraguay, Hirtenbrief *El campesino paraguayo y la tierra* (12. Juni 1983), 2, 4, d.

78 Bischofskonferenz von Neuseeland, *Statement on Environmental Issues*, Wellington (1. September 2006).

79 Enzyklika *Laborem exercens* (14. September 1981), 27: *AAS* 73 (1981), S. 645.

80 Deshalb konnte der heilige Justin von „Samen des Wortes" in der Weltsprechen: vgl. *II Apologia* 8,1-2; 13,3-6: *PG* 6, Sp. 457-458; 467.

81 Johannes Paul II., *Ansprache an die Vertreter von Wissenschaft und Kultur und der höheren Studien an der Universität der Vereinten Nationen*, Hiroshima (25. Februar 1981), 3: *L'Osservatore Romano* (dt.) Jg. 11, Nr. 11 (13. März 1981), S. 6; *AAS* 73 (1981), S. 422.

82 Benedikt XVI., Enzyklika *Caritas in veritate* (29. Juni 2009), 69: *AAS* 101 (2009), S. 702.

83 Romano Guardini, *Das Ende der Neuzeit*, Würzburg [9]1965, S. 87.

84 *Ebd.*

85 *Ebd.*, S. 87-88.

86 Päpstlicher Rat für Gerechtigkeit und Frieden, *Kompendium der Soziallehre der Kirche*, Freiburg 2006, 462.

87 Romano Guardini, *Das Ende der Neuzeit*, Würzburg [9]1965, S. 63-64.

88 *Ebd.*, S. 64.

89 Vgl. Benedikt XVI., Enzyklika *Caritas in veritate* (29. Juni 2009), 35: *AAS* 101 (2009), S. 671.

90 *Ebd.*, 22: *AAS* 101, S. 657.

91 Apostolisches Schreiben *Evangelii gaudium* (24. November 2013), 231: *AAS* 105 (2013), S. 1114.

92 Romano Guardini, *Das Ende der Neuzeit*, Würzburg ^{9}1965, S. 63.

93 Johannes Paul II., Enzyklika *Centesimus annus* (1. Mai 1991), 38: *AAS* 83 (1991), S. 841.

94 Vgl. Erklärung *Love for Creation. An Asian Response to the Ecological Crisis.* Kolloquium, veranstaltet von der Föderation der asiatischen Bischofskonferenzen (Tagaytay, 31. Januar - 5. Februar 1993), 3.3.2.

95 Johannes Paul II., Enzyklika *Centesimus annus* (1. Mai 1991), 37: *AAS* 83 (1991), S. 840.

96 Benedikt XVI., *Botschaft zum Weltfriedenstag 2010*, 2: *L'Osservatore Romano* (dt.) Jg. 39, Nr. 52/53 (25. Dezember 2009), S. 4; *AAS* 102 (2010), S. 41.

97 Ders., Enzyklika *Caritas in veritate* (29. Juni 2009), 28: *AAS* 101 (2009), S. 663.

98 Vgl. Vinzenz von Lérins, *Commonitorium primum*, Kap. 23: *PL* 50, Sp. 668: *„Ut annis scilicet consolidetur, dilatetur tempore, sublimetur aetate."*

99 Nr. 80: *AAS* 105 (2013), S. 1053.

100 Zweites Vatikanisches Konzil, Past. Konst. *Gaudium et spes* über die Kirche in der Welt von heute, 63.

101 Vgl. Johannes Paul II., Enzyklika *Centesimus annus* (1. Mai 1991), 37: *AAS* 83 (1991), S. 840.

102 Paul VI., Enzyklika *Populorum progressio* (26. März 1967), 34: *AAS* 59 (1967), S. 274.

103 Benedikt XVI., Enzyklika *Caritas in veritate* (29. Juni 2009), 32: *AAS* 101 (2009), S. 666.

104 *Ebd.*

105 *Ebd.*

106 *Katechismus der Katholischen Kirche*, 2417.

107 *Ebd.*, 2418.

108 *Ebd.*, 2415.

109 *Botschaft zum Weltfriedenstag 1990*, 6. *L'Osservatore Romano* (dt.) Jg. 19, Nr. 50 (15. Dezember 1989), S. 7; *AAS* 82 (1990), S. 150.

110 *Ansprache an die Päpstliche Akademie der Wissenschaften* (3. Oktober 1981), 3: *L'Osservatore Romano* (dt.) Jg. 11, Nr. 48 (27. November 1981), S. 10; *Insegnamenti* 4/2 (1981), S. 333.

111 *Botschaft zum Weltfriedenstag 1990*, 7: *L'Osservatore Romano* (dt.) Jg. 19, Nr. 50 (15. Dezember 1989), S. 7; *AAS* 82 (1990), S. 151.

112 Johannes Paul II., *Ansprache an die 35. Generalversammlung des Weltärztebundes* (29. Oktober 1983), 6: *AAS* 76 (1984), S. 394.

113 Bischöfliche Kommission für Sozialpastoral in Argentinien, *Una tierra para todos* (Juni 2005), 19.

114 *Rio-Erklärung über Umwelt und Entwicklung*, (14. Juni 1992), Grundsatz 4.

115 Vgl. Apost. Schreiben *Evangelii gaudium* (24. November 2013), 234: *AAS* 105 (2013), S. 1116.

116 Benedikt XVI., Enzykl. *Caritas in veritate* (29. Juni 2009), 51: *AAS* 101 (2009), S. 687.

117 Einige Autoren haben auf die Werte hingewiesen, die man gewöhnlich zum Beispiel in den „*villas*", den *chabolas* oder den „*favellas*" in Lateinamerika lebt: Vgl. Juan Carlos Scannone SJ, "La irrupción del pobre y la lógica de la gratitud", in: Juan Carlos Scannone y Marcelo Perine (Hrsg.), *Irrupcíon del pobre y quehacer filosófico. Hacia una nueva racionalidad*, Buenos Aires 1993, S. 225-230.

118 Päpstlicher Rat für Gerechtigkeit und Frieden, *Kompendium der Soziallehre der Kirche*, Freiburg 2006, 482.

119 Apostolisches Schreiben *Evangelii gaudium* (24. November 2013), 210: *AAS* 105 (2013), S. 1107.

120 *Ansprache an den Deutschen Bundestag in Berlin* (22. September 2011): *L'Osservatore Romano* (dt.) Jg. 41, Nr. 39 (30. September 2011), S. 5; *AAS* 103 (2011), S. 668.

121 *Generalaudienz* (15. April 2015), *L'Osservatore Romano* (dt.), Jg. 45 (2015), Nr. 17 (24. April 2015), S. 2.

122 Zweites Vatikanisches Konzil, Past. Konst. *Gaudium et spes* über die Kirche in der Welt von heute, 26: *AAS* 58 (1966) S. 1046.

123 Vgl. Nrn. 186-201: *AAS* 105 (2013), S. 1098-1105.

124 Portugiesische Bischofskonferenz, Hirtenbrief *Responsabilidade solidária pelo bem comum* (15. September 2003), 20.

125 Benedikt XVI., *Botschaft zum Weltfriedenstag 2010*, 8:*L'Osservatore Romano* (dt.) Jg. 39, Nr. 52/53 (25. Dezember 2009), S. 5; *AAS* 102 (2010), S. 46; *AAS* 102 (2010) S. 45.

126 *Rio-Erklärung über Umwelt und Entwicklung* (14. Juni 1992), Grundsatz 1.

127 Bolivianische Bischofskonferenz, Hirtenbrief über Umwelt und menschliche Entwicklung in Bolivien *El universo, don de Dios para la vida* (2012), 86.

128 Päpstlicher Rat für Gerechtigkeit und Frieden, *Energia, Giustizia e Pace*, Vatikanstadt 2013, IV, 1, S. 56.

129 Enzyklika *Caritas in veritate* (29. Juni 2009), 67: *AAS* 101 (2009), S. 700.

130 Apost. Schreiben *Evangelii gaudium* (24. November 2013), 222: *AAS* 105 (2013), S. 1111.

131 Päpstlicher Rat für Gerechtigkeit und Frieden, *Kompendium der Soziallehre der Kirche*, Freiburg 2006, 469.

132 *Rio-Erklärung über Umwelt und Entwicklung* (14. Juni 1992), Grundsatz 15.

133 Vgl. Mexikanische Bischofskonferenz. Bischöfliche Kommission für die Sozialpastoral, *Jesucristo, vida y esperanza de los indígenas y campesinos* (14. Januar 2008).

134 Päpstlicher Rat für Gerechtigkeit und Frieden, *Kompendium der Soziallehre der Kirche*, Freiburg 2006, 470.

135 *Botschaft zum Weltfriedenstag 2010*, 9: *L'Osservatore Romano* (dt.) Jg. 39, Nr. 52/53 (25. Dezember 2009), S. 5; *AAS* 102 (2010), S. 46.

136 *Ebd.*

137 *Ebd.*, 5; *AAS* S. 43.

138 Ders., Enzyklika *Caritas in veritate* (29. Juni 2009), 50: *AAS* 101 (2009), S. 686.

139 Apostolisches Schreiben *Evangelii gaudium* (24. November 2013), 209: *AAS* 105 (2013), S. 1107.

140 *Ebd.*, 228: *AAS* 105, S. 1113.

141 Vgl. Enzyklika *Lumen fidei* (29. Juni 2013), 34: *AAS* 105 (2013), S. 577: „Das Licht des Glaubens [hält sich], da es ja mit der Wahrheit der Liebe vereint ist, nicht etwa fern von der materiellen Welt, denn die Liebe wird immer in Leib und Seele gelebt. Das Licht des Glaubens ist ein inkarniertes Licht, das von dem leuchtenden Leben Jesu ausgeht. Es erleuchtet auch die Materie, baut auf ihre Ordnung und erkennt, dass sich in ihr ein Weg der Harmonie und des immer umfassenderen Verstehens öffnet. So erwächst dem Blick der Wissenschaft ein Nutzen aus dem Glauben: Dieser lädt den Wissenschaftler ein, für die Wirklichkeit in all ihrem unerschöpflichen Reichtum offen zu bleiben. Der Glaube ruft das kritische Bewusstsein wach, insofern er die Forschung daran hindert, sich in ihren Formeln zu gefallen, und ihr zu begreifen hilft, dass die Natur diese immer übersteigt. Indem er zum Staunen angesichts des Geheimnisses der Schöpfung einlädt, weitet der Glaube die Horizonte der Vernunft, um die Welt, die sich der wissenschaftlichen Forschung erschließt, besser zu durchleuchten."

142 Apostolisches Schreiben *Evangelii gaudium* (24. November 2013), 256: *AAS* 105, S. 1123.

143 *Ebd.*, 231: *AAS*, 105, S. 1114.

144 *Das Ende der Neuzeit*, Würzburg [9]1965, S. 66-67.

145 Johannes Paul II., *Botschaft zum Weltfriedenstag 1990*, 1: *L'Osservatore Romano* (dt.) Jg. 19, Nr. 50 (15. Dezember 1989), S. 1; *AAS* 82 (1990), S. 147.

146 Benedikt XVI., Enzyklika *Caritas in veritate* (29. Juni 2009), 66: *AAS* 101 (2009), S. 699.

147 Ders., *Botschaft zum Weltfriedenstag 2010*, 11: *L'Osservatore Romano* (dt.) Jg. 39, Nr. 52/53 (25. Dezember 2009), S. 5; *AAS* 102 (2010), S. 48.

148 *Erd-Charta*, Den Haag (29. Juni 2000).

149 Johannes Paul II., Enzyklika *Centesimus annus* (1. Mai 1991), 39: *AAS* 83 (1991), S. 842.

150 Ders., *Botschaft zum Weltfriedenstag 1990*, 14: *L'Osservatore Romano* (dt.) Jg. 19, Nr. 50 (15. Dezember 1989), S. 8; *AAS* 82 (1990), S. 155.

151 Apostolisches Schreiben *Evangelii gaudium* (24. November 2013), 261: *AAS* 105 (2013), S. 1124.

152 Benedikt XVI., *Homilie zur feierlichen Amtseinführung* (24. April 2005): *L'Osservatore Romano* (dt.) Jg. 35, Nr. 17 (29. April 2005), S. 3; *AAS* 97 (2005), S. 710.

153 Konferenz der Katholischen Bischöfe Australiens, *A New Earth - The Environmental Challenge* (2002).

154 Romano Guardini, *Das Ende der Neuzeit*, Würzburg [9]1965, S. 72.

155 Apostolisches Schreiben *Evangelii gaudium* (24. November 2013), 71: *AAS* 105 (2013), S. 1050.

156 Benedikt XVI., Enzyklika *Caritas in veritate* (29. Juni 2009), 2: *AAS* 101 (2009), S. 642.

157 Paul VI., *Botschaft zum Weltfriedenstag 1977*: *L'Osservatore Romano* (dt.) Jg. 6, Nr. 52/53, S. 4; *AAS* 68 (1976) S. 709.

158 Päpstlicher Rat für Gerechtigkeit und Frieden, *Kompendium der Soziallehre der Kirche*, Freiburg 2006, 582.

159 Ein geistlicher Lehrer, Ali Al-Khawwas, betonte aus eigener Erfahrung ebenfalls die Notwendigkeit, die Geschöpfe der Welt nicht zu sehr von der inneren Gotteserfahrung zu trennen. Er sagte: „Man soll nicht von vornherein diejenigen kritisieren, welche die Verzückung in der Musik oder in der Poesie suchen. Es liegt ein feines Geheimnis in jeder Bewegung und in jedem Laut dieser Welt. Die Eingeweihten gelangen dahin zu erfassen, was der wehende Wind, die sich biegenden Bäume, das rauschende Wasser, die summenden Fliegen, die knarrenden Türen, der Gesang der Vögel, der Klang der Saiten oder der Flöten, der Seufzer der Kranken, das Stöhnen der Betrübten [...] sagen" (Eva de Vitray-Meyerovitch [Hrsg.], *Anthologie du soufisme*, Paris 1978, 200).

160 In: *II Sent.*, 23, 2, 3.

161 *Cántico espiritual B* XIV-XV, 5.

162 Vgl. *ebd.*

163 *Ebd.*, XIV, 6-7.

164 Johannes Paul II., Apostolisches Schreiben *Orientale lumen* (2. Mai 1995), 11: *AAS* 87 (1995), S. 757.

165 *Ebd.*

166 Ders., Enzyklika *Ecclesia de Eucharistia* (17. April 2003), 8: *AAS* 95 (2003), S. 438.

167 Benedikt XVI., *Homilie in der Eucharistiefeier am Hochfest des Leibes und Blutes Christi* (15. Juni 2006): *L'Osservatore Romano* (dt.) Jg. 36, Nr. 25 (23. Juni 2006), S. 7; *AAS* 98 (2006), S. 513.

168 *Katechismus der Katholischen Kirche*, 2175.

169 Johannes Paul II., *Generalaudienz* (2. August 2000), 4: *L'Osservatore Romano* (dt.) Jg. 30, Nr. 32/33 (11. August 2000), S. 2; *Insegnamenti* 23/2 (2000), S. 112.

170 Bonaventura, *Quaest. disp. de Myst. Trinitatis*, 1, 2, concl.

171 Vgl. Thomas von aquin, *Summa Theologiae* I, q. 11, art. 3; q. 21, art. 1, ad 3; q. 47, art. 3.

172 Basilius der Grosse, *Hom. in Hexaemeron*, 1, 2, 6: *PG* 29, Sp. 8

Laudate Deum

1 United States Conference of Catholic Bishops (USCCB), Global Climate Change Background, 2019.

2 Sonderversammlung der Bischofssynode für die Pan-Amazonas-Region, Schlussdokument, Oktober 2019, 10: AAS 111 (2019), 1744.

3 Symposium of Episcopal Conferences of Africa and Madagascar (Sceam), African climate dialogues communiqué, Nairobi, 17. Oktober 2022.

4 Vgl. Intergovernmental Panel on Climate Change (IPCC), Climate Change 2021, The Physical Science Basis, Cambridge and New York 2021, B.2.2.

5 Vgl. ders., Climate Change 2023, Synthesis Report, Summary for Policymakers, B.3.2. Für den Bericht 2023 wird Bezug genommen auf https://www.ipcc.ch/report/ar6/syr/downloads/report/IPCC_AR6_SYR_SPM.pdf.

6 Vgl. United Nations Environment Program, The Emissions Gap Report 2022: https://www.unep.org/resources/emissions-gap-report-2022.

7 Vgl. National Oceanic and Atmospheric Administration, Earth System Research Laboratories, Global Monitoring Laboratory, Trends in Atmospheric Carbon Dioxide: https://www.gml.noaa.gov/ccgg/trends.

8 Vgl. IPCC, Climate Change 2023, Synthesis Report, Summary for Policymakers, A.1.3.

9 Vgl. ebd., B.5.3.

10 Dies sind die Daten des Intergovernmental Panel on Climate Change (IPCC), die auf 34.000 Studien beruhen: IPCC, Synthesis Report of the Sixth Assessment Report (20/03/2023): AR6 Synthesis Report: Climate Change 2023.

11 Vgl. IPCC, Climate Change 2023, Synthesis Report, Summary for Policymakers, A.1.2.

12 Ebd.

13 Enyklika Laudato si' (24. Mai 2015), 101: AAS 107 (2015), 887.

14 Ebd., 105: AAS 107 (2015), 889.

15 Ebd., 106: AAS 107 (2015), 890.

16 Ebd., 104: AAS 107 (2015), 888-889.

17 Ebd., 105: AAS 107 (2015), 889.

18 Ebd., 139: AAS 107 (2015), 903.

19 Ebd., 220: AAS 107 (2015), 934.

20 Vgl. Sverker Sörlin - Paul Warde, „Making the Environment Historical. An Introduction“, in Nature's End: History and Environment, Basingstoke - New York 2009, 1-23.

21 Enzyklika Laudato si' (24. Mai 2015), 139: AAS 107 (2015), 903.

22 Vgl. Wladimir Solowjew, Drei Gespräche über Krieg, Fortschritt und das Ende der Weltgeschichte mit Einschluss einer kurzen Erzählung vom Antichrist, München 1979.

23 Vgl. Hl. Paul VI., Ansprache anlässlich des 25-jährigen Bestehens der F.A.O. (16. November 1970), 4: AAS 62 (1970), 833.

24 Enzyklika Fratelli tutti (3. Oktober 2020), 11: AAS 112 (2020), 972.

25 Vgl. ebd., 174: AAS 112 (2020), 1030.

26 Ebd., 172: AAS 112 (2020), 1029.

27 Ebd.

28 Vgl. ebd., 170: AAS 112 (2020), 1029.

29 Ebd.

30 Ebd., 175: AAS 112 (2020), 1031.

31 Enzyklika Laudato si' (24. Mai 2015), 179: AAS 107 (2015), 918.

32 Ebd., 167: AAS 107 (2015), 914.

33 Ebd., 169: AAS 107 (2015), 915.

34 Ebd., 111: AAS 107 (2015), 982.

35 Ebd., 57: AAS 107 (2015), 870.

36 Ebd., 68: AAS 107 (2015), 874.

37 Ebd., 86: AAS 107 (2015), 881.

38 Ebd., 97: AAS 107 (2015), 886.

39 Ebd., 100: AAS 107 (2015), 887.

40 Ebd., 233: AAS 107 (2015), 938.

41 Vgl. D. J. Haraway, When Species Meet, Minneapolis 2008, 205–249.

42 Enzyklika Laudato si' (24. Mai 2015), 89: AAS 107 (2015), 883.

43 Apostolisches Schreiben Evangelii gaudium (24. November 2013), 215: AAS 105 (2013), 1109.

44 Vgl. United Nations Environment Program, Emission Gap Report 2022: https://www.unep.org/resources/emissions-gap-report-2022.

INHALT

LAUDATO SI’

Hinführung 8

Laudato si’, mi’ Signore [1-2] 8

Nichts von dieser Welt ist für uns gleichgültig [3-6] 8

Vereint in ein und derselben Sorge [7-9] 11

Der heilige Franziskus von Assisi [10-12] 13

Mein Aufruf [13-16] 16

Erstes Kapitel

Was unserem Haus widerfährt [17-19] 22

I. Umweltverschmutzung und Klimawandel [20] 23

Verschmutzung, Abfall und Wegwerfkultur [20-22] 23

Das Klima als gemeinsames Gut [23-26] 26

II. Die Wasserfrage [27-31] 30

III. Der Verlust der biologischen Vielfalt [32-42] 33

IV. Verschlechterung der Lebensqualität und sozialer Niedergang [43-47] 40

V. Weltweite soziale Ungerechtigkeit [48-52] 43

VI. Die Schwäche der Reaktionen [53-59] 48

VII. Die Unterschiedlichkeit der Meinungen [60-61] 53

Zweites Kapitel

Das Evangelium von der Schöpfung [62] 57

I. Das Licht, das der Glaube bietet [63-64] 57

II. Die Weisheit der biblischen Erzählungen [65-75] 59

III. Das Geheimnis des Universums [76-83] 68

IV. Die Botschaft eines jeden Geschöpfes in der Harmonie der gesamten Schöpfung [84-88] 73

V. Eine universale Gemeinschaft [89-92] 77

VI. Die gemeinsame Bestimmung der Güter [93-95] 80

VII. Der Blick Jesu [96-100] 82

Drittes Kapitel

Die menschliche Wurzel der ökologischen Krise [101] 88

I. Die Technologie: Kreativität und Macht [102-105] 88

II. Die Globalisierung des technokratischen Paradigmas [106-114] 91

III. Krise und Auswirkungen des modernen Anthropozentrismus [115-136] 99
Der praktische Relativismus [122-123] 103
Die Notwendigkeit, die Arbeit zu schützen [124-129] 105
Die von der Forschung ausgehende biologische Innovation [130-136] 110

Viertes Kapitel
Eine ganzheitliche Ökologie [137] 118
I. Umwelt-, Wirtschafts- und Sozialökologie [138-142] 118
II. Die Kulturökologie [143-146] 123
III. Die Ökologie des Alltagslebens [147-155] 126
IV. Das Prinzip des Gemeinwohls [156-158] 132
V. Die generationsübergreifende Gerechtigkeit [159-162] 133

Fünftes Kapitel
Einige Leitlinien für Orientierung und Handlung [163] 140
I. Der Umweltdialog in der internationalen Politik [164-175] 140
II. Der Dialog im Hinblick auf neue lokale und nationale politische Konzepte [176-181] 149
III. Dialog und Transparenz in den Entscheidungsprozessen [182-188] 153
IV. Politik und Wirtschaft im Dialog für die volle menschliche Entfaltung [189-198] 158
V. Die Religionen im Dialog mit den Wissenschaften [199-201] 165

Sechstes Kapitel
Ökologische Erziehung und Spiritualität [202] 170
I. Auf einen anderen Lebensstil setzen [203-208] 170
II. Erziehung zum Bündnis zwischen der Menschheit und der Umwelt [209-215] 174
III. Die ökologische Umkehr [216-221] 179
IV. Freude und Frieden [222-227] 183
V. Liebe im zivilen und politischen Bereich [228-232] 187
VI. Sakramentale Zeichen und die Feiertagsruhe [233-237] 191

VII. Die Trinität und die Beziehung zwischen den Geschöpfen [238-240] 195
VIII. Die Königin der ganzen Schöpfung [241-242] 197
IX. Jenseits der Sonne [243-245] 198

Gebet für unsere Erde 200

Christliches Gebet mit der Schöpfung 201

LAUDATE DEUM – LOBT GOTT 206
Hinführung 206

1. Die globale Klimakrise 208
Widerstand und Verwirrung 209
Die menschlichen Ursachen 211
Schäden und Risiken 213

2. Das wachsende technokratische Paradigma 216
Unseren Umgang mit der Macht überdenken 217
Der ethische Stachel 220

3. Die Schwäche der internationalen Politik 223
Den Multilateralismus neu gestalten 224

4. Die Klimakonferenzen: Fortschritte und Misserfolge 228

5. Was ist von der COP28 in Dubai zu erwarten? 232

6. Geistliche Beweggründe 236
Im Licht des Glaubens 236
Gemeinsam und engagiert unterwegs sein 238

Anmerkungen 242